LES DIABLERIES DE MORPHÉE

CONFESSIONS D'UN RÊVEUR

W. E. GUTMAN

CCB Publishing
Colombie-Britannique, Canada

Les Diableries de Morphée : Confessions d'un Rêveur

Récit dystopique.

©2021 W. E. Gutman
ISBN-13   978-1-77143-498-0
Première édition

Bibliothèque et Archives Canada Catalogage Avant Publication
Gutman, W. E., 1937-
Les diableries de morphée : confessions d'un rêveur / par W. E. Gutman.
Disponible en formats imprimé et électronique.
ISBN 978-1-77143-498-0 (couverture souple).--ISBN 978-1-77143-499-7 (pdf)
Données supplémentaires de catalogage sont disponibles à la
Bibliothèque et Archives Canada

Illustration de couverture : Un ange dans la forêt mystique
© chainatp | iStockPhoto.com

Ce livre est imprimé sur papier non acétifié.

Publié par: CCB Publishing
              Colombie-Britannique, Canada
              www.ccbpublishing.com

DU MÊME AUTEUR

iii

Je ne sais pas si j'étais alors un homme
rêvant d'être un papillon ou si je suis
un papillon qui rêve d'être un homme.

— **Zhuang Zhou (369-286 avant JC)**

PRÉFACE

L e rêveur convaincu ressent, dès son éclosion et avant tout, le besoin de se découvrir, de se connaitre, de parfaire sa métamorphose. Il se voue ensuite à l'étude d'un univers où certains rêves sont révoqués et les rêveurs fâcheux sont rééduqués, bannis ou occis. Le labeur du rêveur convaincu est ardu, voire dangereux à n'importe quelle époque, mais surtout quand les opinions boiteuses et les convictions incontestées éclipsent, non, inhibent la connaissance, quand la raideur doctrinale et l'hypocrisie musellent le libre arbitre et la libre enquête, et quand la psyché devient désormais l'otage des monstres de sa propre confection. C'est en s'engageant à libérer l'âme de ses entraves et à l'ennoblir que le rêveur convaincu trouve le courage de sonder au-delà des banalités, des mensonges et de la propagande haineuse auxquels il est assujetti. Alors que la dissidence est une forme d'hérésie pour les intolérants, elle dévoile des vérités alléchantes au rêveur éclairé qui méprise les dogmes, qui résiste à la tyrannie des idées fixes, qui condamne la cupidité et la décadence intellectuelle, qui favorise l'examen scientifique et prône le scepticisme, la tolérance et le non-conformisme.

— Les Protocoles de Morphée

I
MORPHÉE POSSÉDÉ
Le Conflit Entre Le Rêve et la Réalité

Tout ce que nous percevons ou semblons voir
n'est qu'un rêve au sein d'un rêve.
— Edgar Allan Poe (1809-1849)

L'OUTRE-MONDE

Paris 1949. Quatre ans depuis la fin d'une autre guerre menée, on prétendait, pour mettre fin à toutes les guerres, et à peine dix ans que la Ville Lumière où je suis né vivait dans l'hédonisme et l'insouciance. Gênée, affaiblie par l'Occupation, ma ville se secouait lentement de la tristesse, de l'avilissement qui resserreront son âme longtemps après que son corps aura guéri. Traumatisés, hébétés, les Français se soumettaient maintenant à un monde fictif qui ne leur appartenait plus. Ils se vautraient dans des apostasies enfantines afin de mieux survivre la dure réalité d'une défaite inglorieuse.

J'avais douze ans.

—Pour les devoirs, dit M. Delorme, notre professeur de 6ème, étudiez le chapitre cinq de votre livre d'Histoire et soyez prêts à soutenir, avec des exemples de ses premiers triomphes, l'assertion que, malgré ses pertes catastrophiques sur les steppes gelées de la Russie et sa déroute humiliante à Waterloo, Napoléon était l'un de nos plus grands stratèges militaires. Quatre ans après la fin de la Seconde Guerre mondiale, la France se penchait encore sur le premier empire au lieu de remémorer les infamies de son passé collaborationniste.

—Et dans votre cahier de compositions décrivez un de vos rêves. Une page suffira. Nous en parlerons en classe demain.

« Mon rêve, » écrivit un de mes camarades, « est de devenir général. Ça n'a aucun sens de faire la guerre, » soutint-il avec un pédantisme puéril, « à moins d'en soustraire une victoire. » L'Histoire n'était pas son fort. Il n'avait pas encore compris que l'on ne gagne pas une guerre, que la paix n'est qu'un sursis durant lequel une autre guerre est manigancée.

Marianne, une rêveuse précoce dont le grand-père résistant avait été liquidé par les Allemands, imaginait « un monde meilleur, un monde sans conflit. » Comment aurait-elle pu savoir qu'un monde sans conflit est un monde qui n'existe plus ?

« Je rêve, » proclama le fils d'un riche commerçant, « d'être milliardaire. » Papa a surement dû assurer son fiston que sa fortune serait un jour la sienne à gaspiller comme il l'entend.

Il y avait aussi un cow-boy en herbe, un futur gendarme, une ballerine et un chef rêvant d'une toque blanche et d'une étoile Guide Michelin. Fabien, l'Adonis dont la beauté n'était éclipsée que par son narcissisme, rêvait de faire du cinéma. Gaston s'imaginait footballeur, tandis que Marcel, fils de concierge, se vouait à une carrière de boxeur couronnée de championnats, d'adulation et surtout de fric. Il devint boucher. Trois élèves, ceux qui se contentaient de languir à l'arrière de la classe, remettront des papiers vierges. Ils n'avaient pas de rêves. L'hérédité ou les circonstances les avaient immunisés. Ils tiendront un magasin, s'habitueront à l'ennui du gratte-papier ou à la grisaille du travail en usine. Je ne peux que spéculer.

Il n'y avait ni poète, ni auteur, ni peintre, ni compositeur, aucun astronome ou philosophe, pas un seul aventurier, explorateur ou thérapeute, humaniste ou ethnologue, seuls des attentistes dépourvus d'inspiration et une romantique les yeux pleins d'étoiles qui prenait des vessies pour des lanternes.

Je me sentais mal à l'aise. Pendant que ces infantilismes furent lus à haute voix, je me demandais si j'avais mal compris les consignes de M. Delorme. Mon essai susciterait-il le ridicule ? Imaginer un monde meilleur, prier pour son avènement, confondre l'espoir avec un fait accompli comme les cloîtrés et les croyants le font depuis des siècles, je savais, ne sert à rien. Bien au contraire, la foi, dans un certain nombre de cas infâmes (les Croisades, la « Sainte » Inquisition, la Saint-Barthélemy, la Réforme, les guerres sectaires, le colonialisme et les génocides) avaient brutalisé, avili et déshumanisé le monde sans toutefois le sauver et le livrer à « Dieu. » Des millions d'êtres humains avaient été cahotés, déplacés, exilés, emprisonnés et massacrés, y compris ma tribu, car la violence, la persécution, la torture et la mort la poursuivra du Pays de Canaan à Babylone, de la Judée-Samarie à l'Égypte ; de Burgos à Lisbonne, de Blois à Valréas, à Metz et à Trente[1]; de

---

[1] Au Moyen Âge, sites de persécutions antisémites. L'accusation de meurtre rituel à l'encontre des Juifs est une allégation selon laquelle les Juifs assassineraient des enfants chrétiens à des fins rituelles — la confection de pains azymes pour la Pâque étant la plus fréquemment citée. Ces faux témoignages se répandront en Europe et attiseront au cours des siècles les doctrines et la malveillance menaçante envers le peuple Juif.

Worms à Krakow et Varsovie ; des Balkans au Caucase ; de la Rue Lauriston à la Prison de Fresnes et au-delà. Les phobies scripturaires et les haines qui inspireront ces horreurs n'ont cessé de s'envenimer, attisant des querelles archétypales dans des endroits lointains entre des gens qui ne se connaissent pas et dont « Dieu » se fout.

J'apprendrai très tôt que l'espoir est comme le mercure—volage, impossible à saisir, une chimère, un placebo, un antidote contre une réalité ingérable, une croyance absurde dans l'avènement de l'irréalisable. Alors qu'un rêve, ah, un rêve, non pas une rêverie ou un caprice mais un songe qui vous enlève tandis que vous dormez, qui vous immobilise et vous coupe le souffle, une vision à la fois affreuse, affranchissante et sensuelle pleine d'éventualités qui meurent et renaissent en un clin d'œil dans un fuseau horaire et une dimension de sa propre invention. J'avais écrit :

Je rêve. Mes rêves me définissent. Souvent, mes escapades nocturnes impliquent un envol. Je me promène au milieu d'une rue bordée d'arbres. Des châtaigniers, je crois. Mes bras se transforment en ailes et je décolle comme un oiseau, grisé, libéré des entraves d'une enfance turbulente. Parfois je saute en l'air, catapulté par des ressorts invisibles, bondissant à chaque fois un peu plus haut, me sentant fier d'une prouesse que mes spectateurs trouvent aussi surprenante qu'invraisemblable. Bientôt, je franchis les portails de l'espace interstellaire, là où les pleurs ne sont jamais entendus, où les larmes s'évaporent, et où le drame humain n'est qu'une présomption lointaine et nébuleuse. Du haut de ces apogées, suspendu au-delà du temps, j'observe ma planète avec un mélange de nostalgie, de pitié et d'angoisse. Je crains ne plus pouvoir échapper de ces hauteurs astrales. Alors je me penche et me prépare à atterrir. Rêver me permet de me perdre et de me retrouver en même temps.

Enfant, je me rendais déjà compte que le monde change, que des événements inattendus, souvent tragiques, se produisent inopinément, qu'ils me marqueront et qu'afin de les surmonter, il faut être souple d'esprit et conscient de l'illogisme grossier de la vie. Je grandirai convaincu qu'il faut déchiffrer le milieu politique, économique, social et culturel dans lequel on barbote. Ce qui ne me tue pas me rend plus fort. Assurément — et heureusement pour eux — mes camarades ne partageaient ni mon optique, ni mes inquiétudes. Mes rêves étaient imprégnés de métaphores, de paradoxes. Leurs rêves sentaient l'innocence et les lendemains ensoleillés sans fin.

Ma composition ne suscita ni éclats de rire ni le mépris que j'avais anticipé. Elle fut accueillie avec un long silence glacial, le regard vide des écoliers et une lueur presque imperceptible d'assentiment dans les yeux de notre instituteur. C'est peut-être ce regard d'étonnement et d'engouement télégraphié par M. Delorme qui suscitera en moi le désir de vivre par la plume. Ou avait-il éveillé la génétique jusqu'ici dormante que mes ancêtres m'avaient légué ? Mon grand-père maternel n'était-il pas un célèbre journaliste et poète ? (Il sera mieux connu comme le juriste qui avait tué un concurrent après une longue guerre de mots suivie à la une dans leurs journaux respectifs et aboutissant à un duel). Son fils, mon oncle, n'était-il pas un exégète et critique d'art ? Un cousin de mon père, homme de lettres renommé, n'avait-il pas remporté le prix Nobel en 1986 ?

♦

Je me plais dans mes rêves, même quand ils me font peur. Ils me permettent de m'égarer dans le même univers d'outre-monde où les fous s'enfuient lorsqu'on les réveille. Je deviens comédien transformiste, passant de l'excentricité au sacrilège, du libertinage à la folie sans me sentir coupable. Je peux me livrer à des pensées « impures, » céder au blasphème, féconder des actes vils et obscènes, répandre des opinions incendiaires et exaspérer ceux qui ont la malchance d'errer dans mon collimateur. Je peux me sacrifier au service d'une cause noble. Je peux aussi tuer si j'en ai l'envie sans jamais sacrifier une seule âme. Parfois, la folie est un refuge contre l'irrationalité de la raison, l'absurdité d'un monde hostile aux monstres, aux non-conformistes, aux hérétiques. Les rêves sont des endroits où les caprices les plus abjects, les fantasmes les plus sordides, les ressentiments refoulés et les plus grandes convoitises peuvent tous être assouvis.

Quand la réalité devient insupportable, il ne reste que les rêves. Je les veux tels qu'ils sont. Je préfère ne pas les décrypter, ne pas spéculer quant à leur genèse, leur signification, ou à me morfondre sur l'effet qu'ils pourraient avoir sur moi ou — en les retraçant — sur ceux qui pourraient en tirer des conclusions hâtives ou absurdes.

◆

Ce que je me suis efforcé de faire c'est de donner à ce récit un goût de spontanéité. Tout un tas de rêves, trop flous pour m'en souvenir ou pour les rejouer avec précision, furent largués, abandonnés dans l'abîme ténébreux, maintenant inaccessible, de mon subconscient. Trop pénibles à revivre, trop intimes pour les assujettir au voyeurisme lascif du grand public ou trop accablants, d'autres encore furent supprimés d'un premier brouillon hâtif et incriminant. Pour le reste, *caveat lector*. Lecteurs, méfiez-vous.

JE RÊVE, DONC JE SUIS

Il n'y aurait aucune raison de rêver si la réalité ne s'y mêlait pas. Quel que soit l'aspect qu'elle revêt, la réalité est immuable. Il est inutile d'en parler en termes métaphysiques. Elle manque d'imagination. Elle est névrosée, myope, incapable de reproduire la nature hallucinante des rêves qu'elle [la réalité] s'amuse à contrefaire. Une fois évoqués, les rêves se désagrègent et se recomposent en une pléthore vertigineuse de rêves interdits, de rêves séduisants, de rêves sacrilèges, de rêves contagieux.

♦

Grouillant de pressentiments, de doutes, de faux départs, de désarroi, de peur, de remords et de désirs mutilés par le passage du temps, mes rêves courent sur deux pistes parallèles et convergentes. Les badauds se verront transportés vers les régions sombres d'une psyché rétive qui se lorgne. Ils participeront au spectacle d'un être insufflé de sentiments contradictoires qui essaye de saisir au vol les images qui hantent ses nuits et de donner un sens aux heures de veille qui les engendrent. Spectateurs perspicaces (ou compagnons de voyage) s'embarqueront sur un navire fantôme qui met le cap sur les antipodes de la raison. La traversée sera parfois houleuse, secouée par des rafales de nostalgie et tourmentée par des lamentations sur l'inévitabilité du temps linéaire avant d'échouer sur les hauts-fonds d'une crise d'identité qui remonte à mon enfance.

Mes rêves se soulèvent aussi contre la réalité matérielle. Ils télégraphient les émotions réprimées, les souvenirs enfouis, les inhibitions et les phobies. Ils trahissent une appétence pour les sommets inaccessibles et un penchant pour les attentes infructueuses. Ils se révoltent contre la banalité. Rêves : Abstractions ailées qui remettent en question la validité des normes conventionnelles. Rêves : Un éventail d'idées rares et de perspectives bizarres. Rêves : Crises de désobéissance calmante. Rêves : Échos de la laideur déconcertante, de la cruauté, de la cupidité, de la ruse et de l'injustice que les rêveurs endurent lorsqu'ils sont éveillés. Rêves : Remèdes contre les croyances ossifiées. Rêves : Épisodes purgatifs de folie passagère. Conçus dans les recoins les plus profonds de l'esprit, mis en scène dans des décors étranges, murmurés ou hurlés dans des langages impénétrables, ils défient les truismes, se moquent des conventions et scandalisent les intolérants. Rêver, pour un grand nombre d'insoumis, est une échappatoire. Les rêves se dressent contre l'anxiété, la douleur, la colère, le désespoir et la foi en offrant quelques millisecondes d'évasion tonifiante, contre des heures de contemplation consciente mais indocile passées à rationaliser le présent tout en essayant vainement d'imaginer l'avenir.

AU FIL DES RÊVES

Mes rêves sont si fugaces et brefs que j'ai parfois du mal à m'en souvenir, en rapiécer les lambeaux. Certains ne durent qu'un battement de cœur ; d'autres s'éternisent pendant quelques millisecondes interminables. La plupart sont impénétrables. D'autres encore, refaits quelque part en marge de la conscience, assument une nouvelle personnalité et s'octroient une vie qui leur est propre. Tous sont fortement thétiques : je rentre chez moi, m'achemine vers mon bureau, loue une chambre d'hôtel achète un billet de chemin de fer, et me retrouve invariablement ailleurs après avoir été forcé de faire une série de zig-zags style Escher ou de revers abrutissants style Kafka. Ou alors je suis sur le pont d'un paquebot, faisant mes adieux à un inconnu sans visage se tenant debout sur le quai mais raide comme un mort et dont l'identité n'est jamais dévoilée. Je m'endors. La corne de brume avertit les visiteurs que la passerelle sera bientôt dételée et le capitaine les invite à débarquer. Je me réveille, une senteur de safran et de curry dans les narines. J'entends le tintement des clochettes. Les yeux fermés, enrobé dans un nuage bleuté, Ravi Shankar pince les cordes d'un sitar mélancolique. Chaque émotion humaine, chaque sentiment subtil se retrouvent dans les harmonies mystiques d'un ancien raga insufflé de psaumes védiques. Les souvenances d'une incarnation antérieure, celles du pécheur ou du sadhu, croisent mon champ de vision, puis disparaissent. À moitié nu, le visage barbouillé de cendres, les yeux fixés dans un vide hallucinogène, un saint homme exhale un poumon plein de ganja et place un doigt cadavérique sur mon front.

—Tu renaîtras de rêve en rêve, me dit-il. Les rêves tracent le chemin de tes transfigurations. Ils te survivront. Cet oracle obscur résonne en moi ; il est tout à fait cartésien tant que le rêve l'anime. Il devient insondable une fois que le rêve s'éteint.

◆

Parfois, j'entre un rêve à poil comme un ver. Je n'ai pas honte de ma nudité, mais je m'obstine à trouver quelque chose—un chiffon, un vieux journal— n'importe quoi pour me défendre du regard voyeur des puritains qui m'entourent. Je me souviens alors que j'habite l'Amérique, pays se disant chaste et qui roule dans la promiscuité, convaincu qu'en France où je suis né, mon cul nu aurait été accueilli comme l'énoncé politique qu'il est censé communiquer. J'imagine, alors même que je rêve, que Monsieur le Président de la République me présentera la Légion d'Honneur, qu'il m'embrassera sur les deux joues et que, plus tard, on me décernera un César pour ma performance. Puis le rêve, comme un film mal monté ou une phrase incongrue, me larguera au loin vers un autre hémisphère inimaginable.

◆

Je rêve souvent d'avoir le don de l'ubiquité. Je peux me dupliquer et être à plusieurs endroits à la fois, une compétence utile qui confond mes adversaires. Je peux me déplacer à volonté, me prélasser sur les plages parfumées à la muscade de l'ile de la Grenade, me promener sur les Champs Elysées, assister à un spectacle au cœur de Broadway, admirer simultanément un Velasquez, un Goya et un Bosch au Prado à Madrid. J'ai connu ces plaisirs dans un état de réveil. Ils m'ont rempli de joie. Rêvées, ces gambades nocturnes me trahissent : Je m'égare souvent allant vers ou revenant d'un périple impromptu. Plus j'essaie de comprendre, plus je m'empêtre dans les sentiers dédaléens de mon *id* fugitif.

Tout compte fait, et dans le meilleur des cas, les rêves sont capricieux, impénétrables. Ils se cuirassent de récurrences abstraites et insolites. On y rencontre des êtres grotesques enfantés par des scénarios aberrants qui soumettent le rêveur à des situations absurdes, sinon gênantes. Ils traquent et détournent les dormeurs imprudents, dévêtent leurs désirs les plus secrets et démasquent leurs obsessions et leurs inquiétudes. Malgré leurs bizarreries, leurs indices trompeurs, leurs impasses et leurs apogées tronqués, les rêves sont les portails de l'âme. Je n'ai jamais pu franchir le seuil. J'ignore quels pièges nous sont tendus au-delà de la pensée.

NOCTURNES

Hier, j'ai rêvé que je me trouvais devant une porte en chême massif. J'essayais de l'ouvrir. La clé était dans la serrure mais elle ne fit que tourner sans pour cela la déverrouiller. Je la senti fondre entre mes doigts. Le rêve évoque peut-être mes convoitises, mes joutes et mes défaites. J'ai mes démons. Certains me poursuivent depuis ma petite enfance. Ce ne sont plus les ogres, sorciers et goules des contes de fée de Perrault et Grimm, les vampires de Stoker et le Frankenstein de Shelley. Ils se sont depuis transformés en monstres humains, les monstres de la mésentente, de la cupidité, de la décadence, de la guerre. D'autres diables feront irruption au fil des années. Je fais ce que ces incubes me permettent de faire pour les divertir alors que j'essaye de les affronter, de les écraser. Mais je ne suis pas Hercule. De son sang, plus tard en l'imitant, je crois avoir acquis quelques-unes des vertus de mon feu père. Pourtant, l'hérédité est frivole. Les démons occultés de mon père s'y sont mêlés : mélancolie, misanthropie, l'horreur de l'inhumanité de l'homme envers l'homme (ses parents, ses deux frères et une sœur périrent dans l'un des abattoirs du Troisième Reich), amertume envers l'ingratitude des hommes qu'il avait secourus, asthénie face à l'absurdité de la vie. Né pauvre, d'origine humble, un simple docteur de campagne honnête, un guérisseur qui versa des larmes amères à la mort de son premier client, il ne souffrit ni la fragilité du corps humain, ni l'inexactitude affolante des sciences médicales. Il me dira souvent que tout le monde est fou, mais que seuls les plus courageux entre nous osent s'abandonner à la folie. C'est peut-être mon lot de vivre jusqu'au bout dans une lucidité atroce, conscient de tout, surtout de mon ubiquité et des rêves incontournables auxquels je me rends nuit après nuit.

◆

Un cambrioleur s'est faufilé dans notre maison. Alors que je lutte contre cet intrus, ma femme se transforme en un pilier de sel. Je vise sur un agresseur masqué, mais le museau de mon revolver s'affaisse et les balles dégoulinent comme des perles de sperme bouillant d'un vit assouvi.

◆

Je fléchis mon biceps droit. Un capillaire éclate et mon bras s'empourpre. Tout le côté droit de mon corps s'effondre sous le choc de cette hémorragie sous-cutanée. Je demande à ma femme d'appeler une ambulance, mais elle est au téléphone avec sa sœur qui habite au diable Vauvert. Elle ne peut être dérangée. Je me retrouve à l'hôpital et le rêve s'émiette. Le rêve passe du noir fondu au gris laiteux. Je ne me souviens plus où j'habite. Personne ne semble vouloir m'aider. Je cherche ensuite ma voiture dans un garage souterrain. Je zigzague dans des tunnels grouillant de petites créatures qui rampent sous mes pieds. Je me réveille, stupéfait, exténué.

◆

Ma femme veut aller se promener sur la Sixième Avenue.

—Veux-tu que je t'accompagne ?

—Non, pas aujourd'hui. Grâce à mes dons de psychokinésie je me téléporte à la Sixième Avenue. Je passe devant tous les grands magasins que nous fréquentions lorsque nous habitions New York. Mais elle est introuvable. J'entends alors une voix :

—Crains-tu la mort ? C'est Moondog qui m'interpelle.[2] Une petite foule d'intrus sans visage se réunit autour de nous.

—Non, je crains la maladie, la décrépitude, surtout les douleurs.

—Crois-tu en « Dieu » ? Moondog, je sais, n'y croit pas.

—Seulement dans la mesure où il est inconnaissable.

—En quoi crois-tu ?

—En ce que je ne sais pas encore.

—Que veux-tu savoir ?

—Ce qui ne peut être appris qu'une vérité à la fois alors que le temps empêche ce qui est connaissable d'être accordé d'emblée.

—Fais gaffe. Moondog se penche sur moi, ses yeux

---

[2] Louis Thomas Hardin (1916-1999), surnommé Moondog, alias « le Viking de la Sixième Avenue, » était un musicien, compositeur, théoricien, poète et inventeur américain. Aveugle dès l'âge de seize ans, il vivait à New York. On le trouvait sur la Sixième Avenue, entre la 52ème et la 55ème rue, vêtu d'une pelisse et d'un casque à cornes, le plus souvent en silence, ses yeux sans vie fixés vers le ciel.

inanimés me devisageant, son casque à cornes risquant de crever les miens. Ce qui est connaissable n'est pas toujours connu. C'est pourquoi nous spéculons sans cesse.

Je n'attribue aucune importance à cette étonnante entrevue. Les néons grésillent et dotent la nuit de reflets surnaturels. De ce côté de la rue je reconnais le club de jazz *3 Deuces*. Plus loin, les auvents rayonnants des clubs Carrousel, le Club Samoa et l'Onyx peignent les trottoirs mouillés d'une lueur maladive. De l'autre côté de la rue *Jimmy Ryan's Bar* attire les foules tard dans la nuit. J'entends Charlie Parker. Je respire la senteur envoûtante de la marijuana. Je reconnais le sinistre maquillage des dames de la nuit. Peu attendri par mes élucubrations, insistant que « Dieu » ne lui a jamais parlé, pas même dans un rêve, Moondog recule à petits pas, s'éloigne et ajoute :

— Rêve à tes risques et périls.

♦

Errant dans les rues d'une métropole méconnaissable, je ne me souviens plus de l'hôtel où je dois passer la nuit. Après quelques détours vertigineux durant lesquels le paysage change convulsivement, je repère enfin l'hôtel ... mais la chambre que j'avais réservée n'existe pas. Je grimpe d'un étage à l'autre sur un escalier en colimaçon. Au bout de cette escalade je m'arrête. Les bras ouverts, mon sosie m'accueille.

— Sois le bienvenu, dit-il. Je dévisage cet importun.

— Qui es-tu ?

— Il est moins vexant de méconnaître la réponse aux questions que l'on se pose que d'être assommé par des réponses à des questions que l'on n'a jamais posées.

On ne saurait rêver sans enfanter des avatars et des sophismes ahurissants.

♦

Je fais des courses à Brooklyn (où je n'ai jamais mis les pieds). Un employé de métro vêtu d'une cuirasse, sa main armée d'un gantelet, me montre le chemin. J'appelle ma mère [décédée en 1973] sur mon portable et, gémissant, je lui fais part du diagnostic que je viens de recevoir : l'Alzheimer. Mine de rien, elle répond qu'elle appellera un ami qui connaît le quartier. Le quartier se déplie en une bande dessinée géante, mais les pages sont déchirées et les images sont déformées. Les piétons attirent mon attention : Ma femme court après un train. Sprintant derrière elle, un homme l'apostrophe :

— Connaissez-vous Lisbonne ? Entre temps, je remonte à quatre pattes une ruelle escarpée et glissante. Sisyphe exprime sa sympathie et me met en garde :

— Plus on est prudent, plus le trajet est long.

♦

Quelqu'un me talonne, j'en suis sûr mais on ne me souhaite aucun mal, je me tranquillise sans conviction. Se prélassant dans un coin de rêve à écran divisé, affichant un sourire acéré, deux chiens de voirie me mettent en garde contre la crédulité. Symbolisme armé de symbolisme, je note. Peu importe. Ce que je ressens en ce moment, c'est de l'impatience et du chagrin devant ces allégories sibyllines, ces insinuations qui m'échappent le long de ces évasions nocturnes. Alors je m'abandonne au rêve pour voir quels indices édifiants il pourrait dévoiler.

◆

Ça commence quelque part en lisière d'une ville grise sans nom, la copie d'un millier de villes grises, sur une rue grise bêtement nommée après un arbre ou une fleur—Orme ou Poinsettia, Hibiscus ou Oléandre, Pin ou Chêne—et tout au fond d'une maison grise dans laquelle je ne peux pas entrer physiquement mais qui, selon les circonstances, me permet un accès préternaturel. Ne me demandez pas des précisions. Il n'est pas toujours facile de traduire un rêve. On le raconte au fur et à mesure qu'il évolue. Il suffira d'admettre que je peux parfois me regarder de loin.

Une douzaine de personnes occupent le salon. Ils sont tous morts et ils « assistent » à la vie d'un rêveur, ancien bureaucrate, comme s'il s'agissait d'un batême ou d'un anniversaire. Le rêve est bourré d'abstractions. Les mots m'échappent.

—Abstractions ? je m'interroge, reniflant un piège. Ça veut dire quoi ?

—Ce que l'on ressent dans son for intérieur mais qui est difficilement énoncé, répond un des morts. Les autres m'examinent d'un regard de gratte-papiers qui trahit l'ignorance et la stupidité.

—Ne vous inquiétez pas, ils ont tous été pris par la

faucheuse, affirme une voix désincarnée.

Pas tout à fait. Disons que ces bureaucrates sont endormis dans un coma irréversible d'intolérance et d'entêtement. L'homme qu'ils sont venus voir renaitre se déplace au ralenti. Je le reconnais. Il est moi ! Tenant une lanterne près de son visage, mon clone prévient les morts que les croyances irréductibles les garderont enterrés dans la glaise de la sottise et de la trivialité. Les morts ricanent.

◆

J'habite un bel appartement à Manhattan. Je sors le matin pour faire une promenade. Quand je rentre, l'appartement a disparu. Chaque porte que j'ouvre me mène soit à un bistro, un bureau, une bibliothèque, un salon de beauté, un bordel, une chambre funéraire. La colère que ce contretemps suscite me réveille.

◆

Certaines nuits sont si sombres, mon sommeil si profond, qu'il ne se produit ni rêves, ni faux départs, ni détours, ni trains manqués, ni même des tentatives frénétiques de rattraper qui sait quoi. Or, ce matin-là, alors que le Propofol m'emportait et qu'un gastroentérologue sondait mes boyaux, j'ai joui d'un sommeil qui imitait une mort dépourvue de veillée mortuaire, de fleurs, de larmes et de bacchanales. Un noir absolu, rafraichissant, adoucissant.

◆

Lors d'une de mes fugues nocturnes coutumières à Paris, je rencontre Jean-Paul Sartre au Deux Magots, le café rendez-vous « in » où sa maîtresse, Simone de Beauvoir, Pablo Picasso, Ernest Hemingway, Albert Camus, James Joyce et Bertolt Brecht se réunissaient. Nous sirotons un Monbazillac dans des verres fuselés tout en observant d'un air distrait l'interminable flot de flâneurs.

Sartre est un vieil ami, mais, je m'intéresse bien plus à *l'être* qu'au *néant*, même sur le plan métaphorique. Jeune encore, j'avais pataugé dans les marais de la philosophie, je m'étais perdu dans les champs de mines de la Kabbale et du Zen, non pas à la recherche d'un chemin existentiel mais afin d'exercer mes méninges. J'avais lutté avec Maimonide, Kant, Spinoza, Nietzsche, Schopenhauer et Marx. Une brève aventure circonspecte en compagnie de « Dieu » me laissa plus confus qu'éclairé. « Dieu » m'avait accordé une partie de son esprit, mais il n'a jamais révélé sa logique. Les pirouettes mentales que le concept implique m'avaient épuisé et — était-ce l'âge, le cynisme ou l'indifférence — je deviendrai un nihiliste dont la préoccupation la plus urgente sera de me défendre d'un monde qui n'était pas le mien. Dès ce moment-là, je rejetterai toutes les doctrines et les écoles de pensée, et romprai la plupart des contrats sociaux qui me furent imposés. Je me transformerai lentement en ermite. Mes écrits, bizarres, irrévérencieux et satiriques au début, se convertiront bientôt en engins explosifs improvisés dont le seul but sera de scandaliser les lecteurs. Je découvrirai en moi le besoin de stupéfier les gens en larguant des vérités troublantes et des idées dantesques bien avant avoir appris de George Orwell que « *la liberté est le droit de dire aux gens ce qu'ils ne veulent pas savoir.* »

—Évite de plaire aux lecteurs, murmure Sartre, un œil fixé sur moi, l'autre sur Picasso. Ils en profiteront pour changer ta ponctuation, défigurer tout ce que tu prônes, tout ce que tu défends.

◆

Je travaille dans un petit bureau sombre et délabré. Je ne saurai vous dire pourquoi, ni même quelles sont mes fonctions. On se chamaille constamment. On se reproche le gaspillage, l'incompétence générale du personnel et l'indifférence abyssale des chefs d'équipe. Les fenêtres sont illusoires — peintes sur les murs — les portes n'ont pas de poignées.

◆

On m'invite à dîner. À table devant un maigre repas je constate que je suis en pyjama. Pour des raisons que le rêve ne parvient pas à éclaircir, j'ôte le pantalon. Craignant de souffrir d'un début précoce de démence, je me mets à courir. Je m'enlise dans une glèbe boueuse. Mes hôtes me relancent :

—Quand aurons-nous le plaisir de vous recevoir ?

—Tout de suite. Vous ne m'avez presque rien donné à manger.

—Avez-vous besoin d'un cure-dent ?

—Pour curer quoi, bande de radins !

◆

Je me retrouve sur un navire au beau milieu d'un océan sans nom. Je suis le seul passager. L'équipage a disparu.

Il parait qu'une mine magnétique est attachée à la coque. Ce détail ne semble pas trop m'inquiéter. Je dirige le navire de ma chambre à coucher au salon où mes parents regardent la télévision.

—Tu joues au matelot maintenant, demandent-ils d'une même voix.

—Nous jouons tous à quelque chose. Papa joua au médecin, maman à la femme au foyer. J'ai joué au journaliste parce que je n'avais pas de talent pour jouer au docteur comme papa, à l'avocat comme mon oncle Jean, ni même au modeste fabricant de bougies comme mon grand-père paternel dont le suif et celui de sa femme et deux fils sera transformé en savon dans un des camps d'extermination du Troisième Reich. Et j'ai joué le paladin jusqu'au jour où mes rêves m'ont rappelé que ce n'était qu'un absurde spectacle, un travesti grotesque et monstrueux. Je crois même avoir été un acteur digne d'un Oscar. Durant mes années de travail, j'ai pu taire mes phobies et affecter l'image d'un type sociable, débonnaire, équilibré. Je pouvais être charmant, surtout avec les femmes. J'ai laissé tomber ces affectations dès que j'ai pris ma retraite. Je n'ai plus besoin d'être un « mec sympa. »

◆

Je suis nommé « Directeur de Projets Spéciaux » à la revue OMNI [où j'ai travaillé il y a presque trente ans]. Mon bureau est élégant et mes fonctions n'impliquent rien de spécial. Je porte un costume en tissu peau de requin et des chaussures en daim grises.

Décédé en 1995 faute de revenus publicitaires et

victime d'une gérance imprévoyante, le grand magazine avant-garde New Yorkais, porte-parole des sciences, de l'imagination et de l'utopie était aussi une usine à rêves. Et pendant des années, je n'ai cessé de rêver que je revenais chaque matin à mon bureau, que mes anciens collègues—depuis longtemps réinstallés, retraités ou morts—étaient des fantômes ressuscités en l'occurrence, mais qu'ils étaient *mes* fantômes, discrets, modestes, comme des endeuillés à une veillée. C'est une façon de donner de la matière à l'irréalité.

Tout comme dans les rêves précédents, ce dernier épisode me trouva à mon bureau, feuilletant des manuscrits fictifs, au téléphone avec Isaac Asimov et Ray Bradbury, Arthur C. Clarke et Harlan Ellison, Freeman Dyson et Carl Sagan, organisant des « projets spéciaux » qui ne verront jamais le jour. Je réussi même à obtenir une entrevue avec Jules Verne, le père de la science-fiction que j'avais honoré dans ma thèse Mastère lors du cinquantième anniversaire de sa mort. Maintenant lointains et circonspects, mes anciens collègues se déplacent lentement vers les coulisses et disparaissent comme une mèche de fumée. Je les interpelle l'un après l'autre mais je n'entends qu'une longue mélopée, une lamentation collective. Un auxiliaire du bureau du personnel me remet un chèque, le dernier dit-il tristement. Je viens d'être limogé. Je m'évanouis. L'un après l'autre, mes anciens collègues réapparaissent, m'entourent et déposent des billets d'argent à mes pieds.

—Ça te dépannera en attendant. Je les remercie et je

me réveille sachant que je ne reviendrai jamais, sauf dans un songe, à ce bureau coin Broadway et la 63ème rue où, pendant quelque temps, je fus payé pour rêver en compagnie d'autres rêveurs.

♦

Je suis à bord d'un train à destination de Miami. Le contrôleur vérifie mon billet et m'avertit que je dois effectuer un transfert à Tombouctou. Je passe en revue les rebondissements qui ont marqué ma vie et je réponds :

—Tombouctou ? Pourquoi pas. C'est logique. C'est tout à fait logique.

♦

J'assiste à une réception de mariage (conjoints inconnus). On me met à une table étroite tout au fond de la salle de fêtes. Les adultes braillent. Les enfants hurlent, galopent et sautillent comme des macaques déments. Le chahut m'exaspère. Pourquoi diable suis-je ici, je me demande. Je hais les solennités et je n'aime pas trop les enfants.

♦

Ma femme me montre fièrement son nouveau portable.

—Il est doté d'un dispositif autodestructif, dit-elle.

—Heureusement. Ils devraient tous s'autodétruire. J'ai horreur des cellulaires et je déteste ceux qui les utilisent en public. J'aimerai qu'un virus électronique super-mortel désactive tous les cellulaires. Je me réveille me souvenant d'une époque où les hommes se donnaient des nouvelles en s'envoyant des signaux de fumée.

◆

Une voix lointaine m'informe qu'un gala aura lieu au deuxième étage d'un hôtel sans nom. Je grimpe les escaliers. J'ouvre une porte ; la chambre est vide. Dans une autre se déroule un colloque sur les mœurs sexuels de la mouche tsé-tsé. Un service funéraire est en cours dans la troisième. La quatrième regorge de vaches pas plus grandes que des souris. Je lance un hurlement qui meurt sur mes lèvres.

◆

Enfin, mon script, *Un Dernier Rêve*, est transformé en film. J'assiste à la première à Mumbai. Le décor, les personnages, le dialogue, la direction et le travail de caméra ne ressemblent en rien à ce que j'avais conçu. Ma femme essaie de me consoler :

—Ce n'est pas si mal que ça. Je suis dégoûté, découragé. C'est alors que je me souviens du conseil de Sartre : Il ne faut pas laisser les autres insérer leur propre ponctuation. Les droits d'auteur, aussi généreux soient-ils, n'indemnisent pas un auteur trahi.

◆

Quelque part au beau milieu d'un rêve alambiqué au cours duquel, comme d'habitude, je suis à ma recherche, je me retrouve dans une ruelle étroite et sombre. Je suis nu. Je me perds à chaque tournant.

◆

Assis au piano, je joue un concerto de ma propre

composition. La pièce évoque Rachmaninov, Saint-Saëns et Tchaïkovski. Jouées sur les gammes supérieures du clavier, les notes tintent comme une cascade de diamants dans une coupe en cristal. Ma virtuosité me stupéfie. Toscanini dirige. Il n'y a pas de public. Je continue à jouer un opus fortuit que je ne pourrai jamais recréer une fois conscient.

◆

Lors d'une autre visite à Paris, je me dirige à pied vers mon hôtel favori sur l'Avenue du Maine. Alors que la Tour Montparnasse, horreur architecturale, s'estompe derrière moi, je me rends compte que je ne me souviens pas du nom d'un établissement que j'ai fréquenté une dizaine de fois. Je ne me souviens même plus de quel côté de la rue il est situé. Bientôt, je ne reconnais plus la ville qui m'a vu naitre. Abattu, je me réveille en pleurant.

◆

Me voici à la Grenade. J'ai perdu le sac en toile vert, rouge et jaune auquel j'ai confié mon passeport, mes documents de voyage, ma montre et mes clés. Je demande au concierge de m'aider à le trouver. Il me tend une poulie et me dirige vers une tyrolienne.

—Prenez-la jusqu'au bout.

Le vert, le rouge et le jaune sont les couleurs du drapeau grenadien. Un coin du drapeau est orné d'une noix de muscade mûre. On dirait une vulve. L'île se prélasse, endormie sous un ciel violet dans un bien-être sournois, un tronçon de corail verdoyant qui jaillit d'une mer couleur turquoise comme une palmeraie au milieu d'un immense désert. La marée est basse. Les vaguelettes s'amusent à disperser ici et là sur le sable des débris d'algues et de coquillages fêlés. Des nuages mauves glissent au-delà d'une lune laiteuse, suspendue sur un ciel d'ambre et de cobalt. On devine à l'horizon, les vestiges d'un orage lointain alors qu'une dernière traînée de foudre l'éclabousse d'une lueur argentée.

◆

Le jeune corps de Lakshmi luit dans l'eau. Sa peau brune est soyeuse comme la porcelaine et ses fesses, fermes et animées, s'appuient contre mon aine tandis que ses longues jambes encerclent ma taille. Endurcis par la luxure, ses mamelons picotent ma poitrine. Je la prends ainsi, loin du rivage, les pieds fermement ancrés dans le limon qui tapisse le lagon. Face à la mer, sentant sa chaleur couler dans mes veines, je fixe de mon regard des yeux noirs qui me guettent jusqu'à ce que le dernier spasme de jouissance me prévienne qu'il est temps de remercier Lakshmi et de sortir du rêve.

◆

Et puis il y a Rina. Je ne la vois pas clairement, je la devine plutôt dans l'obscurité, mais la forme de satin ébène qui s'abandonne dans mes bras témoigne de sa réalité enivrante. Les nuages se dispersent, laissant entrer des rayons de lune à travers les volets entrouverts. Ses yeux brillent comme des perles noires, mais elle se mord la lèvre et son sourire d'ivoire se transforme en grimace. Il est difficile de savoir si c'est plaisir ou douleur. Elle jure que tout va bien pendant le huitième mois, et je sais qu'elle ment, mais je m'enfonce encore plus profondément, labourant son jeune corps porteur de vie, ne tenant plus compte des odeurs fauves et rêvant à quelqu'un d'autre jusqu'à ce que les images disparaissent les unes après les autres alors que je me sens jouir.

♦

Était-ce Rina ? Je ne suis pas sûr. C'était peut-être Rose, Regina, Rebecca ou Rachel. C'est dur de se souvenir des pseudonymes qu'elles adoptent le long de mes balades nocturnes. Je les cueille à *La Maison du Limbo*, là où les jeunes indigènes se livrent à un rêveur en échange d'un repas, d'une douche chaude, d'un lit propre et l'éphémère illusion qu'en se soumettant à mes pulsions elles goûteront pendant un moment l'évocation d'un amour perdu. Je les traite avec gentillesse. Ça m'ennoblit. La générosité humanise l'exploitation. Je ne paie jamais pour mon plaisir. Je leur donne à manger. Leur métier est plein de risques et elles ont toutes cinq ou six autres bouches à nourrir dans les bidonvilles où elles sont nées et où elles languissent encore. Les bidonvilles débordent de rêves trahis.

♦

Parfois, je rêve que je m'entretiens avec mes parents, décédés depuis longtemps. Et pourtant ils ne sont pas vraiment morts. Suis-je la victime d'un écart entre le temps et l'espace ? Après tout, ils sont là, vivants et bien portants, mon père qui écoute, ému, le concerto pour violon de Tchaïkovski, ma mère immergée dans son jeu de mots croisés. Quand je me réveille, je me retrouve en deuil. Je me demande si cet intermède signalerait que la vie continue après la mort. La mémoire et les rêves confèrent la vie à ceux qui ne sont plus.

◆

Je me chamaille souvent, surtout quand je rêve, avec ceux que l'Évolution scandalise, ceux qui se croient être nés l'artisanat personnel de « Dieu » au lieu de la progéniture des gorilles, orang-outang et chimpanzés qui nous ont légué de grandes quantités d'ADN. Les témoignages, les preuves les gênent. Ils ne croient vrai que ce qu'ils *veulent* être vrai. Peu de gens acceptent encore les vérités essentielles de la biologie moderne — selon lesquelles les êtres humains (et toutes les autres espèces) ont lentement évolué par des processus naturels à partir d'une succession d'êtres plus anciens et sans intervention divine le long du chemin. La preuve la plus claire de notre métamorphose se trouve dans nos gènes. Mais l'Évolution est toujours farouchement niée dans certaines écoles, tribunaux, maisons d'édition de manuels scolaires, et surtout en ce qui concerne un dilemme primordial : Combien de souffrances pouvons-nous infliger aux animaux sans franchir un certain seuil éthique ? Bouffeurs de viande, chasseurs, amateurs de tauromachie, gaveurs d'oies, fanas de foie gras, posez-vous cette question.

EN PASSANT PAR LE PASSÉ

Ayez pitié du rêveur. Son œuvre vexe. Son rendement ? Les débris défigurés d'un vagabond à la recherche de son *moi* terrestre. Rêver, c'est s'adapter à une réalité latente ou à se soustraire à une réalité prescrite. C'est un acte d'affranchissement dans un vaste univers où les monstres, réels et mythiques, sont aux aguets. Le chemin est jonché de mensonges et de pièges. Certains rêves visent à choquer, à scandaliser, ou à déconcerter. Prenez le rêve qu'un souvenir d'enfance réanima la nuit dernière :

—Pour les devoirs, dit M. Delorme, (qui ne semble pas avoir vieilli) parlez-moi de vos rêves. Une page suffira.

—Non ! je proteste. J'en ai marre.

—Mais voyons, vos escapades aériennes nous ont fortement amusés, M. Delorme insiste. Vous avez depuis sûrement atterri. Allez, soyez bon enfant, faites-moi un dernier rêve. J'obéis.

◆

L'an 2021, quelque part en Amérique. J'ai 83 ans. Un ordinateur remplace mon ancienne plume et mon encrier ; un écran rétroéclairé—mes carnets de notes.

À l'aube, ils se servaient de leurs crocs, leurs griffes, leurs poings. Plus tard, ils ramassèrent une pierre, une ramure, un os et le carnage commença. À midi, ce fut une averse de bombes. Les obus à fragmentation déchirent, balafrent, scindent. Les bombes incendiaires carbonisent tout ce qu'elles touchent. Certains projectiles produisent des ondes de choc capables de pulvériser le granite. Le napalm, comme le plomb fondu, colle à la chair et la dévore. D'autres dispositifs répandent la peste. D'autres encore paralysent, asphyxient, aveuglent. Les bombes à neutrons étouffent les rêves mais elles épargnent les bâtiments, les monuments, les mausolées. Une bombe binaire est deux fois plus mortelle qu'une seule dose d'agent neurotoxique. Sur les planches à dessin sont confiés les secrets d'un fléau qui tuera les pauvres, les souffrants, les simples d'esprit, les fous, les insoumis et les dénonciateurs. On parle même de bombes génétiquement manipulées pour exterminer certaines races. Il y aura peut-être un dispositif qui supprime les octogénaires, surtout ceux qui savent que d'autres bombes suivront, qui le disent à haute voix et qui prédisent qu'on ne pourra bientôt plus se cacher, ni même dans un rêve.

Un silence assourdissant accueille ce post-mortem prophétique, un silence qui durcit comme la matière et m'immobilise.

— Alors, que reste-t-il, demande M. Delorme. Que reste-t-il, répètent les élèves. Je les dévisage avec un mélange de pitié et d'impatience.

— L'incertitude. L'impermanence. Le hasard. Le chaos. Á vous de choisir le dénouement qui vous convient. Les rebelles et les despotes changeront de place ; il sera impossible de les distinguer. Le monde continuera à produire des rédempteurs qui s'acharneront à sauver les hommes, qu'ils le veuillent ou non. L'araignée tissera sa toile. Le coq annoncera la naissance du jour et le soleil se lèvera. Et nous jaillirons des entrailles de nos mères, nus, grelottant, destinés à nous battre sur les champs de bataille et nous esquinter les nerfs sur les chaines de montage tandis que le percepteur ....

◆

Mes anciens camarades ont tous grandi, vieilli. Le futur millionnaire a doublé la fortune de son père. Il s'en fout de l'argent, prétend-il. C'est l'affairisme, les manigances qui le fascinent, les intrigues, le « jeu. » Ce genre d'hommes redoutent les revers mais ils n'anticipent jamais les misères que leur succès engendre. C'est ce qui les rend si vénaux.

Marianne, l'idéaliste au regard étoilé qui prêchait l'amour et la paix est une grand-mère grêle et grisonnante qui se garde de rêver. À la retraite après cinquante ans, le rond-de-cuir s'est inscrit au Front National. Il déleste son mécontentement, sa haine, en maudissant les métèques, les Arabes, les Noirs, les francs-maçons, les homosexuels, les tziganes et les Juifs. Surtout les Juifs à qui on doit « Dieu, » les Dix Commandements, Jésus, Spinoza, Karl Marx, Sigmund Freud, Albert Einstein ... et Woody Allen.

Le prétendant général qui déclarait qu'une guerre doit être gagnée ... sinon à quoi bon ... fut promu au rang de caporal, un grade qui mène à la déroute si on est un mégalomane corse ou un peintre ringard autrichien. Il perdra son bras gauche en Algérie ; son fils mourra en Afghanistan ; son petit-fils décèdera dans les guerres tribales insensées qui convulsent le Sahel. Il prend la parole lors des rassemblements anti-guerre. On l'applaudit, mais ses discours n'incitent aucune action. Entre temps, les seigneurs du capital et les marchands de canons se frottent les mains et bavent tandis que les dirigeants complotent le prochain conflit armé. Pillant le trésor national et escroquant les contribuables, ils prospèrent lorsque le premier coup de feu retentit. Ainsi, les transports militaires rentrent alourdis de sacs mortuaires et de cercueils drapés d'oriflammes. Des médailles posthumes sont décernées aux jeunes qui crèvent dans des guerres ingagnables qu'ils n'ont pas choisi de faire. Les clairons sonnent la veillée, et trois salves de fusil brisent le silence d'un cimetière de campagne. Le cow-boy en herbe a choisi le sacerdoce et se retira dans un monastère où, depuis presque mille ans, les moines prient jour et nuit pour la paix. Au lieu d'une toque blanche, le futur restaurateur s'est contenté du modeste tablier de serveur dans une brasserie du 14ème arrondissement. Pas un seul Pelé, Lionel Messi ou Diego Maradona parmi les rêveurs de mon enfance, seulement des athlètes médiocres et fourbus qui, après avoir botté un ballon pendant une dizaine d'années ne peuvent plus marcher sans se tordre de douleurs. Marcel n'était ni Muhammad Ali, Sugar Ray Robinson, Rocky Marciano, Joe Louis, ni même Marcel Cerdan. On se souvient d'un pauvre ivrogne sonné qui n'a jamais gagné un seul match. Le beau Fabien fit sept ans de prison pour atteintes sexuelles sur un mineur. Il a depuis déménagé en Guyane. Ils ont tous une triste mine. La tristesse est souvent l'enfant du regret. C'est la tristesse la plus accablante.

◆

Ça n'a aucun sens de parler de rêves « bienséants » ou « obscènes », de rêves « chastes » ou « impurs ». Ce que le rêveur évoque, est déjà là devant lui sous la lumière flagrante du jour. C'est la nature hyperbolique des rêves qui transforme la réalité perçue en une parodie grotesque d'elle-même. Mais les vérités essentielles que les rêves communiquent, même métaphoriquement, dévoilent le rêveur.

S'il est vrai que les rêves sont les portails de l'âme, ils trahissent aussi les réflexions les plus profondes du rêveur sur la nature et l'ampleur provisoire du *soi*. Pour moi, *être* suscite des inférences surprenantes. Je ne cesse de me demander : Est-ce que je rêve ou suis-je *rêvé* par quelqu'un qui rêve d'être moi ? Cet arcane, que l'ontologie (branche générale de la métaphysique) et que l'épistémologie (la nature de la connaissance) s'efforcent d'expliquer est obscurcie par une simple question : Où s'achève un rêve et où commence la réalité ? Mes ruminations dérivent-elles de mes épreuves vécues, ou sont-elles les restes mal digérés de mes méditations ? La réalité est-elle une dimension dans laquelle seul un voyageur impliqué peut naviguer et survivre ? Sinon les rêveurs sont-ils mandés de rejouer la réalité à travers l'œil de leur esprit ? Vécues *in vivo* et *in utero* en plein sommeil, difficilement traduites, ces introspections sont pour la plupart insondables.

◆

Quand les mots me manquent, je peins. Mes toiles ornent maintenant les murs de notre appartement. Elles reflètent et communiquent les inquiétudes qui les ont inspirées. On les trouve si bizarres qu'on me demande souvent :

—Ça veut dire quoi ?

—Je n'en sais rien. C'est à vous de me le dire.

—On dirait les berlues d'un aliéné.

—Tout à fait. Regardez bien autour de vous, j'explique en traçant avec mes bras un cercle imaginaire autour de la planète. Nous vivons tous dans un asile de fous, non ?

Être forcé de s'expliquer est crevant.

◆

Nerveux, à cheval entre le ravissement et l'exaspération, mes rêves se penchent sur des souvenirs émoussés et sur un avenir qui remémore l'inévitable finalité des choses. Impitoyable et rusée, la réalité triomphe toujours. Mais c'est le *moi*, avec ses émotions, qui constitue la seule réalité dont on peut être sûr.

Aurais-je rêvé la vie qui m'anime ? Suis-je le vestige du fantasme d'un autre ? Mes souvenirs de mon Paris bien-aimé, de l'arrestation de mon père par la Gestapo française, du meurtre de mes grands-parents à Auschwitz, de Bucarest et des jours passés dans des abris souterrains alors que les bombardiers américains firent pleuvoir la mort, de Jérusalem, ville d'or, de cuivre et de lumière où j'ai connu mon premier orgasme (et me suis presque évanoui), de la bataille courageuse mais futile de ma mère contre un cancer du pancréas, d'un premier mariage raté de vingt-deux ans avec une femme qui me punira tout ce temps parce que je ne ressemblais pas au mari modèle qui n'existait que dans ses rêves, de la conversion ignoble de mon fils aîné au Judaïsme messianique, de la mélancolie de son frère cadet, de New York, de la Californie, de la Barbade, de la Grenade, du Costa Rica, du Guatemala, du Honduras et de mes nuits blanches à Moscou passées à attendre l'aube … sont-ils tous des armatures mentales dépourvues d'une existence tangible — comme « Dieu »?

♦

Je me souviens d'un vieux rêve durant lequel, mine de rien, j'ai parlé avec « Dieu. »

— J'ai en moi le besoin de t'interpeler, mais tu t'esquives depuis que mon peuple t'a inventé. « Dieu » manifesta son impénétrabilité en restant caché et muet. Je n'entendis que l'écho désincarné de ma propre voix :

— Ai-je tissé à partir d'un fil invisible une réalité sans fondement ? Se livrer au néant est-ce faire preuve de foi ? Une voix lointaine répondit :

— Le néant est une dimension à travers laquelle toute énergie se déplace.

La physique quantique se mêle au mysticisme. Langue de bois, paroles hautaines et perfides.

♦

Qui sait, peut-être que vous qui me lisez êtes tous la progéniture illégitime d'une imagination féconde.

Pouvez-vous prouver que vous existez en dehors de mes rêves ? Que vous n'êtes pas un mirage de ma propre création ? Toute fourche mène à une autre fourche, chaque rêve à un autre rêve, chaque *vous* à un autre *vous* qui doit son existence à un autre *moi*.

◆

Alors que l'aube se lève, que le brouillard se dissipe, je fais le point. Je ne saurai vous dire pourquoi mes escapades me conduisent si souvent vers des hôtels et des gares, pourquoi je musarde sans cesse dans des rues dédaléennes, le long d'édifices déformés et architecturalement invraisemblables, pourquoi je me trouve fréquemment coincé dans des impasses inhospitalières. Et pourtant ça crève les yeux : Hôtels et gares puent l'impermanence, la solitude, l'anonymat, l'évasion, les rencontres furtives, les plaisirs volés, les trains qui restent sur place et ceux qui ne s'arrêtent jamais, les maisons de passe qu'on loue à l'heure. J'ai couché sur leurs paillasses ; j'ai caboté dans leurs fourgons. Ces évocations trahissent les peines que nous prenons pour trouver notre « place » au soleil. « Se perdre, » littéralement ou figurativement, tel que nous le faisons tous parfois, être pris au piège dans des scénarios insolites et se retrouver soudainement au même point de départ, suggère que lorsque tout est dit et fait, à la conclusion même de ces étranges pérégrinations, fatigués et confus, nous devons avouer que certains rêves frôlent dangereusement la réalité, tandis que d'autres n'auraient jamais dû être enfantés.

La vie est un rêve éveillé. La réalité est la version

funeste des rêves que nous tissons. Une chose est claire : quand nous cessons de rêver, tout ce que nous sommes cesse d'être. Éveillé, l'homme est condamné à être libre mais restreint par des lois arbitraires, par un appareil judiciaire fantomatique qui le broie, par des alliances sociales synthétiques, des coutumes et des traditions stupides et contraignantes, le regard fouineur et l'oreille indiscrète d'un régime politique paranoïaque, et l'hypocrisie et la bassesse de la racaille. Conscient, il vit dans un domaine où aucun crime, aussi odieux soit-il, ne peut être commis sans le consentement du criminel et les applaudissements sonores de complices muets. Lucide, il fait l'objet d'une mise en examen minutieuse et constante. Endormi, il n'est pas tenu de se conformer. Il peut se livrer à ses instincts les plus bas, narguer le pouvoir, régler des comptes et déraisonner sans entrave jusqu'à ce que son imagination — ou sa psychose induite par le rêve — le libère enfin.

Tout comme l'art, les rêves ne doivent être ni beaux, ni séduisants, politiquement corrects, socialement rédempteurs, ni même congrus. Leur sublime absurdité, leur surréalisme, leurs astuces, leurs aberrations, leur libertinage et leur manque d'objectif définissable suffisent. Quand un rêveur s'égare, c'est parce qu'il a perdu la boussole et qu'il erre comme un navire sans gouvernail. Contraire à la réalité, un rêve n'a pas besoin d'avoir un « sens ». Un rêve est son propre sens. Rêver, c'est se trouver dans une dimension fantasmée tracée par un *moi* errant. Nous sommes tous le produit de nos expériences individuelles et nous avons tendance à juger un monde macro à travers l'objectif micro de nos propres perceptions, convoitises et préjugés. Alors je rêve. Le reste n'est qu'une vulgaire pacotille.

II
MORPHÉE FAIT LE POINT
Souvenances d'un Rêve Futur

Il eut un songe. Et voici, une échelle était appuyée sur la terre, et son sommet touchait au ciel. Et voici, les anges de Dieu montaient et descendaient par cette échelle.
— Genèse, 28 : 12

L'HISTOIRE : ECHO ET PRÉSAGE

En 2015, une équipe d'archéologues de l'Institut tchèque d'égyptologie à Prague découvrit la tombe d'une reine pharaonique qui régnait sur l'ancien royaume il y a quatre millénaires et demi. Jusque-là inconnue, Tchentkaus III est soupçonnée d'avoir été l'épouse du pharaon Néferefre. Cette époque marque le début d'une série de déboires qui anéantiront l'Égypte. Un népotisme enraciné, les lésineries, le rôle déstabilisant des coteries aux intérêts privés, la corruption, les alliances malavisées, les guerres et les bouleversements climatiques s'unirent pour défaire non seulement l'empire égyptien, mais d'autres sociétés avancées au Moyen-Orient et en Europe.

Moins de deux siècles après la mort de la reine, le Nil cessa d'inonder ses rives et la sécheresse s'étendit à travers le pays, mettant fin à l'âge des bâtisseurs de pyramides. Sans submersions abondantes, les récoltes décrurent et les impôts cessèrent d'être prélevés, ce qui rendra difficile le financement de l'appareil gouvernant, le maintien du système de croyance et l'intégrité du royaume.

◆

Quatre mille ans plus tard, entre le 8ème et le 9ème siècle de l'ère commune, un ensemble analogue d'influences contribuera à l'effondrement de l'empire Maya. Les Maya craignaient la mort avant tout, et seuls les individus exceptionnels, prétendaient-ils, sont admis au-delà des voûtes célestes. Les indignes sont vite expédiés à Xibalba, l'enfer Maya — la Maison des Ténèbres, l'Antre des Démons, le Manoir des Maudits — un abîme glacé où des monstres infligent aux damnés des tourments indicibles. Si les Maya se donnaient du mal à échapper au gouffre redouté, croyaient-ils, en se soumettant à des rituels barbares d'automutilation et en montant des sacrifices humains orgiastiques, ils n'avaient aucune illusion que la vie sur terre était aussi hideuse que dans les entrailles de Xibalba. Les effusions de sang, les décapitations cérémonielles, bref, un carnage insensé, se déroulaient autour d'eux.

Craignant la nuit, prévoyant l'aube, expiant des péchés inexpiables à la lueur du jour, les satrapes se pliaient aux exigences de divinités auxquelles ils offraient d'innombrables sacrifices tandis que les masses étaient prédestinées à une vie de sujétion et de servitude dans l'ombre d'élites despotiques, dégénérées et assoiffées de sang. Occupés à ériger des panthéons flamboyants, obsédés par ce que la postérité pourrait leur réserver, les demi-dieux que le peuple vénérait étaient tout aussi fourbes et sinistres que les monstres de Xibalba. Leurs extravagances et leur psychose mèneront à des conflits civils. La débauche, la stupeur induite par la drogue, les passe-temps ésotériques de leurs maîtres, la servitude, le labeur sans fin impliqué dans l'érection de temples et d'autels sacrificiels, conduiront à la désintégration des normes sociales, à l'épuisement économique et, en temps voulu, à l'effondrement. Pendant des siècles, le peuple se soumettra aux caprices de l'aristocratie régnante et bientôt l'aiguillon du despotisme, l'ignominie de la persécution guideront à la révolte.

La fin de l'ère classique, la période préfigurant la « chute, » sera marquée par une explosion démographique et l'expansion de centres urbains. Toutes ces pressions — surpopulation, pénuries, mécontentement général, eurent un impact profond sur les Maya. Mortellement blessé, le magnifique empire Maya frémit, raidit et expira. Les remous qui conduiront à sa chute stupéfiante ne sont pas bien compris. Ce que l'on sait, est que la famine, provoquée par le déboisement, l'agriculture intensive, les perturbations atmosphériques, les inondations suivies de sécheresses prolongées, les épidémies, la recrudescence de la mortalité infantile, et un manque de confiance envers une ploutocratie de plus en plus impérieuse aboutiront au chaos, à la fragmentation et à la dispersion. Telles sont les conséquences d'un système de gouvernance truqué au profit d'une minorité privilégiée et au détriment d'une majorité impuissante et marginalisée.

Pour les Maya du 21éme siècle — environ quatre millions occupent Belize, le Guatemala et l'Honduras — il ne reste que deux voies de survie : la sujétion et l'assimilation, ou la répression aux mains des intrus qui occupent maintenant leur domaine. Ils vivotent suspendus entre deux mondes contrastés et incongrus : ancien (intime et familier) et moderne (étrange et menaçant).

◆

La cruauté des conquistadors n'est pas en cause. Ils

commettront des atrocités sur l'ensemble du continent américain. Mais anathématiser Christophe Colomb, comme le font chaque année des millions en Amérique Latine à l'occasion de son anniversaire--et comme le suggère l'historien Jacques Barzun (1907-2021), « est un exercice de lynchage rétrospectif. » Colomb, le produit de son époque, n'était peut-être pas l'impitoyable goule que ses calomniateurs prétendent. Il serait de même injuste d'insinuer que les peuples conquis étaient pacifiques et bénins.

Au moment où Colomb atteint le « Nouveau Monde, » les puissants empires mésoaméricains avaient déjà culbuté, victimes d'une culture obsédée par la mort, d'une série de querelles intertribales, de la débauche, d'une mauvaise gestion des ressources naturelles et de bouleversements climatiques. Cinq siècles plus tard, leurs descendants, marginalisés et politiquement inertes, honnissent Colomb comme l'agent de leurs malheurs parce qu'ils n'ont ni le courage ni les moyens de se soulever contre leurs oppresseurs modernes--tous aussi malhonnêtes, ineptes et cruels que leurs anciens rois-dieux.

Je les ai vu tous les 14 octobre dévaler de leurs hameaux, cheminant en silence jusqu'aux villes, protestant symboliquement contre le marin Génois, un regard dénué d'expression sur leurs visages cuivrés.

—On s'en fout de Colomb, un jeune conseiller Maya me confiera en privé. Nous protestons cinq cents ans d'aliénation culturelle, de dépersonnalisation et de persécution que nous continuons à subir aux mains de ses successeurs. La dernière fois que nous avons remis en cause la légitimité du gouvernement qui nous opprime, on nous a accueillis à coups de matraque.

Et je les ai vus retourner dans leurs hameaux ensanglantés et abattus.

Selon l'archéologue et iconologue Claude-François Baudez (1932-2013).[3]

Et donc les restes de cette civilisation furent oubliés jusqu'au jour où des explorateurs découvrirent les ruines Maya. De leurs premiers travaux a dérivé la vision romantique d'une société sans histoire, d'un peuple bon enfant, profondément mystique et incapable des sacrifices sanglants auxquels ils s'adonnèrent. Ces idées fantaisistes seront rejetées par des découvertes ultérieures. Aujourd'hui, nous voyons les Maya dans toute leur fragilité : guerriers, fiers, faillibles ... mais d'autant plus humains.

♦

La prépotence ploutocratique et les débauches auxquelles les élites privilégiées doivent recourir afin de prévaloir incitent l'anarchie et augurent l'éboulement inévitable des sociétés qu'elles profanent. Le passé sert de prologue.

---

[3] Les Cités perdues des Mayas, Paris, Gallimard, 1987.

UN BESOIN IMPÉRIEUX

Le premier défi qu'affronte le rêveur est de trouver le contexte dans lequel il peut manifester sans crainte les répugnances qui le tourmentent. J'ai toujours su que ma vocation était de donner la parole à la vérité. Je me suis par la suite rendu compte que la vérité, qu'on la lance comme une grenade dans un rêve ou qu'on l'offre avec doigté dans un éditorial est, pour un grand nombre d'individus, insupportable. Larguées au lycée, mes premières polémiques—je jouais un avocat du diable dépourvu de convictions—furent mal reçues par mes professeurs qui les qualifièrent de « fanfaronnades puériles » et me conseillèrent « de mitiger la rhétorique. » Plus tard, je recevrai des bonnes notes (on applaudira mon style « inventif ») … et la censure du corps enseignant scandalisé par mes « propos jacobins. » Plus tard encore (j'étais maintenant un journaliste impécunieux), mes articles susciteront le courroux des lecteurs. À deux reprises (je travaillais en Amérique Centrale à l'époque), je recevrai des menaces de mort pour avoir exposé des vérités qu'un journaliste guatémaltèque me pria d'enterrer. Je l'accuserai d'avoir abdiqué ses responsabilités professionnelles.

—Quand votre travail est fait, me rappela-t-il d'un ton acide, vous retournez dans votre pays où vous êtes en sécurité. Moi, je vis ici.

—C'est vrai, mais alors vous devriez peut-être envisager un autre métier. À quoi bon se dire journaliste si on manque de courage dans ses convictions ? Mon iconoclasme m'a souvent mis dans le pétrin mais je l'ai toujours trouvé alléchant. Laisser les lecteurs se demander quelles sont les limites de mon irrévérence, est pour moi une source inépuisable d'inspiration et d'euphorie.

Il ne s'agit pas de se demander si la vérité blesse — elle le fait parfois mais pas plus souvent qu'un ignoble mensonge — mais s'il faut à tout prix l'exhumer, la mettre en vitrine. Car en la dissimulant, surtout lorsque la justice et les droits de l'homme sont menacés, quand un régime surveille les citoyens, leur ment, les exploite, quand les usines déchargent des déchets toxiques dans les lacs, rivières et océans, quand les entreprises manipulent les prix, quand les dirigeants manigancent des guerres illégales, immorales et ingagnables ... c'est alors qu'on endommage irréparablement la vérité. Le jury est dans l'impasse, mais le tribunal de l'opinion publique, rarement un baromètre des attitudes dominantes, favorise le silence : Poser trop de questions, « remuer le pot, » « secouer le cocotier, » « faire des vagues, » renverser le statu quo, clament les réactionnaires, est une forme de trahison. Et ceux qui ferment les yeux quand un crime est commis, je riposte, en sont complices. On m'accuse de flirter avec le diable, de prêcher la révolte. Je fais sans le moindre remords tout ce que je peux pour leur donner raison. Pour être croyable, la vérité ne peut se permettre d'être anodine ou charitable.

En lançant ce genre de boutade vers ceux qui n'ont

de flair ni pour les rêves, ni pour les métaphores, j'avais enfreint un des tabous cardinaux du journalisme : Laisse tomber la philosophie ; connais ton public ; simplifie les choses ; vise au plus petit dénominateur commun ; décoche la vérité comme si c'était un uppercut. Je les avais chatouillés avec un plumeau aromatisé au lieu de les assommer avec une matraque.

♦

Nul ne fut en mesure de distiller à partir de son caractère allégorique le message sous-jacent : la société, au lieu de raffiner les humains, les corrompt. Dans un éditorial rédigé entre deux rêves, j'avais écrit :

> *Infini et éternel, le monde des rêves est un univers dépourvu d'inhibitions. Le bonheur consiste à vivre sa vie réflexivement, sans tenir compte de son absurdité, des croyances rigides, biscornues et cruelles qui nous sont imposées.*

Dans ma hâte de télégraphier des vérités axiomatiques, et à mon grand regret, je m'étais confié à l'ésotérisme au lieu de la dialectique de l'anarchie radicale— « Ne prenez pas de prisonniers » dit-elle—qui saturait mes autres écrits. Je prêchais sans doute à un très petit chœur de convertis qui s'accordaient à mes idées tandis que des multitudes de croyants plongés dans leurs dévotions abrutissantes, incapables de penser indépendamment), étaient assis sur leurs bancs, interloqués par les rêves cocasses, morbides, scabreux et lunatiques que je venais de leur offrir. Ces bonnes âmes étaient tellement prises dans leurs affectations qu'elles ne pouvaient pas voir la forêt des arbres. Bref, j'avais bêtement réussi à éveiller un public qui ne pouvait être agité que par le délire, la lubricité et les incongruités avec lesquelles mes rêves étaient assaisonnés ... mais pas par ce qu'ils inféraient. Je ne suis pas un mystique. Quant aux métaphores, je m'en suis maladroitement servi croyant qu'elles me permettraient de traduire des concepts abstraits en idées tangibles. Les abstractions n'intéressent personne. Nous sommes entraînés par des stimuli, non pas par l'introspection. Nous ne voulons pas nous retrouver dans un état contemplatif. La réalité est tout simplement insupportable.

◆

La réalité n'a rien de spirituel ou de surnaturel — les rêves moins encore. Ce que je voulais faire, ne tenant pas compte des préjugés ou de l'ignorance d'un grand bloc du public rêveur, était de soutenir une simple proposition : Compte tenu de leur spontanéité et inconstance, les rêves représentent l'expression la plus pure d'une liberté intuitive qui dépasse l'immatérialité. J'avais en outre essayé de dire que la faculté de rêver n'a rien à voir avec les fantômes errants qui peuplent notre sommeil, mais plutôt que nous devons sauvegarder les droits dont nous jouissons dans notre état éveillé et nous protéger de ceux qui pourraient nous nuire — une gérontocratie antidémocratique et néo-féodale qui envoie les jeunes mourir sur des champs de bataille lointains et une petite noblesse criminelle super-riche qui prospère au profit des pauvres et qui encourage la robotisation de l'esprit et du corps d'une nouvelle génération de serfs. Car, j'avais insisté, un homme libre doit pouvoir se régir lui-même.

Être contraint de se soumettre aux utopies des autres (commandements, lois, injonctions, édits) est une forme d'esclavage. La liberté (qui est inséparable de la justice) signifie n'avoir aucun souverain — terrestre ou céleste. Pour être libres, nous devons chercher dans l'Histoire la justification d'un avenir aléatoire. Nous devons aussi nous méfier de ceux qui subordonnent la réalité à la fantaisie, qui prêchent la neutralité, qui préconisent le laissez-faire, qui promeuvent la « résolution des conflits » qu'ils ont engendrés et la « réconciliation nationale » tout en ignorant les revendications légitimes des victimes du mal parrainé par l'État. Ils ne s'intéressent ni à la justice ni à la vérité. Ce qu'ils veulent, c'est forcer des apaisements, arracher des concessions et contrecarrer le genre de bouleversements que la poursuite, la découverte et la diffusion de vérités gênantes sont aptes à embraser.

Est-ce que tout cela a de l'importance ? Mes chicanes avec l'inertie, le dogmatisme et la médiocrité ont-elles réussi à soutenir la vérité ? À peine, sauf durant quelques instants de rage pointée vers moi par des rêveurs qui se disent patriotes et se donnent le droit de me faire la morale sous le couvert de l'anonymat.

Nous sommes en guerre. Nous devons militer en faveur d'un rêve que nous devons alimenter : celui qui nous protège contre la tyrannie, les croyances insensées, et les démagogues. Les obstacles qui doivent être surmontés afin d'assurer son avènement occupent l'ensemble de mes rêves.

UN DROIT IRRÉVOCABLE

Les rêves sont strictement personnels, mais ils ont tous un point commun : Ils régurgitent les détritus défigurés de notre subconscient, délestent les échos des ennuis qui nous préoccupent et nous tourmentent lorsque nous sommes éveillés. On ne les distingue que par la façon dont ils se manifestent et sont glosés. Nous ne sommes pas tous tricotés à partir de la même échevette. Nous sommes plutôt l'ensemble d'influences convergentes et complémentaires : l'hérédité, l'éducation, les préjugés que nos parents instillent, les conneries que le clergé débite, les contraintes sociales qui nous unissent ou qui nous séparent. Seuls nos gènes nous trahissent. Ainsi, nous traitons nos escapades nocturnes selon notre ethnicité, culture, confession, les idiomes que nous utilisons afin de communiquer et le milieu social dans lequel nous évoluons. Mis à part quelques points communs superficiels, les rêves ne se ressemblent pas. Les aborigènes australiens parlent du « Temps du Rêve » — la fusion d'une genèse et d'une éternité indépendantes d'un cadre spatio-temporel exprimées en termes et iconographies qui échappent à la pensée occidentale. De même, mes rêves, qui reflètent des angoisses communes à mon espèce et à mon époque, semblent risibles, insensés ou abominables à ces reliques antipodales de la préhistoire.

Freud suggère que les rêves dévoilent des convoitises refoulées. Ce n'est qu'une théorie. Pour les hindous, les rêves sont tangibles. Incités par le Brahman Suprême, ils sont soit oraculaires soit punitifs. Les bouddhistes considèrent les rêves comme les symboles des illusions de notre expérience quotidienne vécue. Les Mayas croyaient que les rêves contiennent des codes secrets qui transmettent des nouvelles connaissances au rêveur. Les anciens Egyptiens faisaient le culte du rêve, une excursion aux enfers pleine de dangers mais purifiante durant laquelle ils communiquaient avec les dieux, et sondaient l'avenir. Ils croyaient aussi qu'il est possible en rêvant de médire leurs ennemis.

Le sikhisme, religion de tolérance et de paix farouchement opposée à l'idolâtrie, à la magie et aux superstitions, suggère que l'univers même est un rêve, que les hommes dorment immergés dans la douleur.

Selon la Kabbale, l'âme quitte le corps quand nous dormons et monte à sa source céleste où elle renait. Alors qu'un résidu de l'âme reste avec le corps pour l'entretenir, la partie vitale de l'âme se déplace vers des endroits plus élevés. Dans cet état désincarné, l'âme est libre de capter des visions qui sont autrement interdites aux êtres de ce monde et qui permet de rencontrer d'autres âmes désincarnées... les âmes des êtres bien-aimés défunts — peut-être même un Dibbouk.[4]

---

[4] Un Dibbouk est l'esprit d'une personne morte qui s'est échappée du Géhenna (le purgatoire juif) et qui s'attache à une autre personne sur terre. Selon la tradition kabbaliste, une âme qui n'a pas pu accomplir son destin lorsqu'elle est en vie peut le faire sous la forme d'un Dibbouk.

Mis à part le langage figuratif, le lien à la base de notre humanité — celui du broussard nu qui vit dans le désert australien et le PDG en costume trois pièces qui voit le monde perché du haut d'un gratte-ciel — dépend (a) de l'effet que le débranchement entre l'hallucination et l'existence « consciente » a sur la psyché ; et (b) de la sensation subtile mais persistante que nous ne sommes jamais aussi libres que lorsque nous rêvons. C'est une liberté littérale et figurative qu'il faut à tout prix défendre. Nous sommes ce que nous rêvons.

♦

Alors que les chercheurs sérieux explorent la profondeur et les limites du subconscient, les charlatans escroquent les naïfs en « lisant » leurs rêves et en traçant leur avenir. C'est alors que le rêve est mis à profit au service de la ladrerie, du nombrilisme, et l'autopromotion.

On ne naît pas harpagon. La cupidité est un goût acquis adouci par la décomposition morale d'une société portée au larcin. Il durcit les hommes de Tokyo à Tombouctou, de Jérusalem à Jakarta, de Shanghai à Sao Paolo, indépendamment de leur race ou religion. Ils ne craignent que la spoliation de leurs « propriétés, » de leurs avantages alors que nous avons peur d'un cauchemar intemporel et universel : l'occupation étrangère, la persécution ; l'intolérance ethnique et le fanatisme religieux ; les préjugés qui étouffent la liberté d'adorer son dieu ou de renier toutes les divinités ; les abjectes doctrines du pouvoir, du privilège et du patronage qui transforment la planète en un campement impérialiste malodorant; les politiques fiscales qui ne bénéficient qu'aux riches; la faim, l'exil et les ruses martiales qui transforment les charrues en armes guerrières.

L'ENFANT DE MA
PLUS GRANDE DOULEUR

Je me mis à rêver dès que j'appris à lire. Hans Christian Andersen, Lewis Carroll, La Fontaine, les frères Grimm et Charles Perrault donneront des ailes à mon imagination. Merveilleux ou étranges, moralisateurs ou effrayants, leurs contes nourriront une envie précoce de « savoir » au-delà des mots. Ils éveillèrent aussi la sensation, floue au début, bientôt plus claire et terrifiante, que le monde est un endroit compliqué, que les hommes sont des créatures paradoxales vouées autant à la haine qu'à l'amour, à la vanité qu'à la modestie, à la lésinerie qu'à la générosité, à la cruauté qu'à la clémence, à la trahison qu'à la loyauté, que la vie est une lutte perpétuelle aussi bien pour l'homme que pour les bêtes, qu'il y a plus de sorcières que de fées, et que les histoires n'ont pas toujours un heureux dénouement. Apprendre c'est connaitre — presque.

Alors que la Seconde Guerre mondiale mettait feu à la planète et que je dressais des parallèles entre les fripons imaginaires des fictions de mon enfance et les canailles qui s'en inspirent, je me rendis vite compte que les ogres qui se cachent dans les rêves d'un enfant sortent de l'ombre pour s'abreuver de sang. Neuf-dixièmes de ma famille périrent dans les usines d'extermination d'Hitler. Ce qu'Hitler ne pût accomplir, Staline s'efforcera de l'achever avec des résultats tout aussi monstrueux.

◆

Je préfère vivre sans espoir que nourrir un rêve qui n'aboutit à rien, m'entendis-je penser pendant l'entracte, alors que les spectateurs se dirigeaient vers le vestibule pour se dégourdir les jambes, mouiller leurs sifflets, vider leurs vessies, fumer un mégot et tenir le crachoir.

La tragédie du dramaturge suédois August Strindberg, *Le Songe*, allègue que « les êtres humains sont pitoyables » que « toute joie doit être payée deux fois avec tristesse » et que la seule réalité est la répétition sans fin du « devoir, du péché et de la culpabilité. » J'avais quinze ans quand mes parents m'emmenèrent voir ce drame insolite et troublant. Je me souviens avoir été stupéfait de découvrir que les mêmes idées, incertitudes, craintes et antipathies éprouvées à un âge précoce avaient été si vivement rendues, plus de trois décennies avant ma naissance, non pas dans une œuvre de philosophie mais dans une mise en scène créée pour dire au monde que la vie est une illusion.

Écrite en 1901, la pièce entraine le public pour un voyage angoissé dans l'inconscient. Préfigurant les angoisses, les peurs et les horreurs qui engloutiront bientôt la planète, elle évoque les convulsions, les obscénités et les crimes qui souilleront les pages de l'Histoire au cours de la décennie précédant l'aube d'un nouveau siècle. Certes, Strindberg a dû être conscient de ces bouleversements lorsqu'il l'écrivit et conféra à ses personnages leur existence spectrale :

❧ Le général Fiorenzo Bava-Beccaris ordonne ses troupes de tirer sur un rassemblement à Milan. Quatre-vingts personnes sont massacrées ; des centaines sont blessées. Le roi d'Italie Umberto I, qui a fêté le carnage, est assassiné.

❧ Alléguant un antisémitisme parrainé par l'État, et imputant au gouvernement de comploter l'arrestation et l'emprisonnement du capitaine Alfred Dreyfus, un Juif faussement accusé de trahison, l'éditorial cinglant d'Émile Zola, *J'accuse*, est publié en première page du quotidien parisien L'Aurore. L'essai passionné de Zola polarise la France, la conduisant au bord d'une guerre civile.

❧ Manifestant son effronterie expansionniste, les États-Unis annexent les îles hawaïennes et déposent la reine Liliuokalani. [Les Hawaïens seront pendant longtemps le dernier groupe indigène aux États-Unis qui fut défendu d'établir son propre gouvernement]. On ne lui cèdera le statut d'état qu'en 1959.

❧ Les turcs à Héraklion, en Grèce, exterminent sept cents Grecs et quinze Anglais.

❧ La peste bubonique éclate en Chine et en Inde, sacrifiant environ trois millions de personnes.

❧ La Louisiane adopte la « clause des droits acquis, » un arrêt limitant le vote Noir. Promulguée par de nombreux états sudistes la loi permet aux électeurs blancs de contourner les tests d'alphabétisation, les taxes électorales et d'autres tactiques destinées à priver les Noirs du Sud de leurs droits. (Plus d'un siècle plus tard, la rhétorique de la peur, de la pseudo-science raciste et de l'exclusion sociale atteindra un niveau sans précédent de stridence). Il n'y a aucun doute que toutes ces initiatives de suppression des électeurs, le redécoupage des circonscriptions électorales, furent combinés pour renvoyer les gens de couleur à l'arrière de l'autobus, de ségréguer les écoles et les restaurants, peut-être même de rétablir le lynchage afin d'assouvir les passions racistes qui continuent de brûler au cœur de l'Amérique. [L'état de l'Alabama vient d'annoncer à l'heure actuelle qu'il allait fermer les bureaux de permis de conduire dans une trentaine de localités. Les comtés où la fermeture des bureaux aura lieu sont majoritairement Noirs et pauvres. Ces verrouillages ajoutent un obstacle supplémentaire à ceux qui veulent exercer leur droit de rêver par l'intermédiaire des scrutins].

&- Les États-Unis déclarent la guerre à l'Espagne, occupe Cuba et annexe Porto Rico, Guam et les Philippines.

&- Sept mille Juifs sont expulsés de Kiev, en Ukraine.

&- Une émeute raciale éclate à Wilmington, en Caroline du Nord, où un groupe de suprémacistes blancs armés expulse de force les dirigeants libéraux de la ville, incendie leurs domiciles et massacre des dizaines de Noirs.

&- L'héroïne devient un « médicament » contre la toux.

℣ La peste survient à San Francisco. Niant la présence d'une épidémie, les dirigeants politiques bâillonnent les responsables de la santé. Soucieux d'éviter la perte de revenus d'un commerce perturbé par des quarantaines, le gouverneur de la Californie, Henry Gage, déclare, sous peine d'incarcération, qu'il est interdit de parler du fléau. Au cours des trois années qui suivent, plus d'une centaine de personnes meurent de « septicémie syphilitique, » pseudonyme officiel mais frauduleux d'une maladie qui n'a rien à voir avec la syphilis ou la septicémie.

℣ Le Japon ratifie un statut discriminatoire à l'égard du peuple Aïnou dans la préfecture de l'Hokkaido. Le statut les dépeint avec mépris— « aborigènes qui ont besoin d'assimilation. » Le décret n'est abrogé que cent ans plus tard.

℣ Deux ans plus tôt, montée au Théâtre d'Art de Moscou, la pièce d'Anton Tchekhov, *La Mouette*, est bien reçue. Le drame s'adresse à l'homme moderne qui a du mal à trouver sa « place » et dont le désir subconscient d'être « ailleurs » met à nu sa tristesse, la futilité de ses rêves et l'envergure de ses espoirs anéantis.

℣ *Un Ennemi du Peuple*, du dramaturge norvégien Henrik Ibsen, loue les hommes courageux qui surmontent leur destin. La pièce fustige la démocratie pour sa tolérance complaisante à l'égard des idées et des organismes antidémocratiques. D'une part, les dirigeants sont à la merci d'une majorité tyrannique ; de l'autre, les gouvernés ont peur et sont trop stupides, avides, conformistes ou veules pour se révolter.

   ☙ *Le Cri,* peinture angoissante d'Edvard Munch, évoque le cauchemar éveillé de l'humanité.

◆

En écrivant *Le Songe,* « ma pièce la plus aimée, l'enfant de ma plus grande douleur, » Strindberg affirme avoir essayé de …

> … *parodier la hardiesse et la logique des rêves. Tout peut survenir ; tout est possible. Le temps et l'espace n'existent plus ; l'imagination les remplace avec un mélange de souvenirs, d'épreuves, de fantaisies, d'incongruités et d'improvisations. Pour le rêveur il n'y a pas de secrets, pas de scrupules, pas de lois. Il n'acquitte ni ne condamne ; il se contente de raconter ; et puisqu'un rêve est souvent plus morose que gai, un ton de mélancolie et de pitié pour tous les êtres mortels imprègne mon récit.*

Agnès, protagoniste de Strindberg, est la fille du dieu védique Indra. Elle descend sur Terre pour témoigner des maux commis et soufferts par les mortels. Elle interagit avec des dizaines de personnages, dont certains ont clairement un statut symbolique, dont quatre gourous représentant la théologie, la philosophie, la médecine et le droit. Après avoir connu toutes sortes d'indignités (pauvreté, matérialisme, lutte des classes, persécution, et les assommantes routines de la vie en famille) Agnès se rend compte que les êtres humains sont irrécupérables. Elle retourne au royaume cosmique dont elle est originaire et se réveille, réalisant qu'elle aussi était prise dans leurs cauchemars.

Le « cauchemar » de Strindberg est l'antithèse d'un rêve universel dont les attributs, à l'époque, s'avéraient plus chimériques que réalistes. Les conseils émouvants d'un éminent kabbaliste me viendront à l'esprit en sortant du théâtre :

> *La vie ne dévoile pas toutes les vérités à la fois. Il faut d'abord trouver et vivre avec une simple vérité. Plus tard, on peut découvrir une autre vérité, celle qui semble nier tout ce que l'on savait auparavant. De cette confusion nait une vérité plus noble : la lumière intérieure qui éclaire tout ce qu'on a appris.*

J'ai depuis cherché, trouvé et rejeté maintes vérités que je me suis empressé, pour leur faire plaisir (ou les emmerder), d'inventorier pour mes lecteurs.

SISYPHE REMÉMORÉ

Les hommes ne sont libres que lorsqu'ils se gouvernent eux-mêmes. La thèse selon laquelle les hommes peuvent être à la fois gouvernés et libres est un canular perpétré par les défenseurs de la régence par diktat. Les souverains ne compromettent pas leur liberté et ne renoncent pas à leurs appétits. Et pourtant, affaiblis par a lâcheté, la crédulité et la paresse, et séduits par des idées simplistes, leurs vassaux abdiquent leurs droits, leur liberté, et leur vie afin qu'une poignée privilégiée, dont la stratégie est de modifier la réalité et de supprimer les rêves des autres, puissent vivre dans la liberté et le bonheur auxquels ils sont habitués et croient avoir droit.

Être gouverné c'est être traqué, scruté, espionné, dicté, contrôlé, retenu, endoctriné, sermonné, réprimandé et intimidé par des automates fanfarons qui n'ont ni raffinement, ni sagesse, ni vertu. Être régi c'est être observé, surveillé, c'est avoir chaque geste étudié, chaque mot analysé, chaque transaction notée, enregistrée, comptabilisée, classée, mesurée, taxée, autorisée, refusée, approuvée, sanctionnée, admonestée, interdite, convertie et finalement remplacée en fonction des objectifs et du bien-être de l'élite dominant. Nos pensées pourront-elles un jour être interceptées, censurées ? Pourront-elles nous prendre au piège, nous inculper, nous faire taire pour avoir rêvé les rêves interdits ? Les neurones de notre cerveau seront-ils reconnectés ? Les « incommodes » seront-ils transformés en conformistes serviles ? Au pire des cas, seront-ils liquidés afin de permettre aux gros intérêts politiques et commerciaux de protéger leur emprise sur la société ? L'inégalité, l'incompatibilité, les rivalités et l'antagonisme que les rêves suscitent, seraient-ils à l'origine de tous nos tourments ?

◆

Je me souviens d'un rêve à travers lequel j'explore les conséquences de la robotisation de l'esprit par un cartel qui abhorre le libre arbitre, qui vilipende l'érudition et qui redoute la vérité, bref une société où la vertu n'est qu'un moulage de pensées réactionnaires codifiées.[5]

—Y aura-t-il bientôt un moyen de capter et de déchiffrer les dialogues internes du cerveau, je m'entendis demander. Les éthiciens lutteront-ils contre une « Police du Rêve » ? Peut-on craindre que les phantasmes baroques, les concepts hérétiques, qu'ils soient saisis en plein sommeil ou évoqués dans un état éveillé, seront interceptés ? Que les indociles seront muselés, « reprogrammés » ou réduits au silence ? Après tout, les autodafés des temps modernes ne ciblent-ils pas les libres penseurs et les insoumis ?

Être libre implique l'existence de moyens qui permettent aux hommes de protéger leur liberté corporelle sans renoncer à leurs rêves, de se défendre contre la cupidité des autres et de se soustraire aux rivalités qui favorisent et glorifient l'idolâtrie du pouvoir et de l'argent. Or, dès le début, les

---

[5] *Un Dernier Rêve* (© 2012 – CCB Publishing).

communautés agraires recoururent au vol de terres qui n'avaient pas de détenteur légitime, d'où l'origine du concept de la « propriété. » Dès que les « légataires » visèrent des biens saisis illicitement, un gouffre béant s'ouvrit entre l'aristocratie terrienne et les sans-terres. Les riches, pour des prétextes strictement pillards, raisonnent qu'étant rentable, le vol, suivi par la vassalité sont justifiables. En Amérique, le vol méthodique des terres autochtones et l'esclavage, qui commença en 1619 et dura jusqu'en 1865, donc presque 250 ans, furent l'une des conséquences de cet argument. Ce raisonnement prendra un aspect tout aussi barbare quand l'Israël annexera et volera — les pieux diront pour obéir à un « décret divin, » les faucons pour justifier les ambitions expansionnistes de l'état Juif — les terres, les vergers, les foyers du peuple Palestinien vaincu.

Ceux qui font l'accommodement entre leurs rêves et les idées que les dirigeants les obligent à adopter pratiquent ce que George Orwell appelle « double-think » ou double pensée — la capacité d'accepter simultanément deux points de vue opposés et de mettre en veilleuse tout esprit critique. Ceux qui ne s'accommodent pas sont dénoncés — on les accuse de traitrise, d'hérésie, de libertinage. Ils sont emprisonnés, torturés, forcés d'avouer leur déloyauté en public, ensuite exécutés. Il est possible de remanier les rêves des hommes si l'on dispose d'une postérité dupée afin que les classes dominantes puissent renforcer l'emprise qu'elles ont sur le pouvoir, tout en dorlotant leur narcissisme, mégalomanie ou paranoïa. Cette perspective a depuis rendu respectable l'argument selon lequel les intérêts commerciaux surpassent le bien-être du consommateur, celui qui par son labeur mal payé contribue à l'enrichissement de ses patrons. Vu à travers ce prisme, on peut déduire que devoir trimer pour quelqu'un d'autre est une épreuve Sisyphéenne et que, par extension, « la propriété c'est le vol. »

La besogne de « gouverner » semble avoir été cédée à une classe d'escrocs et de lèche-culs affamés de pouvoir et de fric. Au lieu de défendre les citoyens qu'ils ont jurés de servir, ils se cramponnent à un système néo-féodal sans lequel le capitalisme choirait. À mesure que le nombre de ploutocrates augmente, l'indigence, l'oppression, l'asservissement et le mécontentement augmenteront également. Aucune génération de barons voleurs n'a survécu plus notoirement par la force, la fraude et le sophisme que les requins de notre époque. Et nulle espèce ne risque l'extinction autant que la confrérie des rêveurs.

L'HYDRE

Le capitalisme n'existe ni pour améliorer la vie du peuple, moins encore pour souscrire ses rêves ou le protéger contre l'immoralité cyclopéenne du marché libre, des inégalités dont il est la source, et des escroqueries auxquelles il recourt afin de prévaloir. C'est une hydre auto-répliquante dont le seul objectif est de créer un excès de capital.

L'exploitation est le summum du capitalisme. Pour prospérer, le capitalisme dépend d'un partenariat bizarre entre des acolytes asymétriques mais corrélés composé, au sommet, des principaux bénéficiaires du capitalisme : les entrepreneurs, les propriétaires et les financiers ; les politiciens qui se mettent au service du capitalisme ; les légistes qui fabriquent les lois qui leur sont dictées par les lords du capital ; et les banquiers qui favorisent les riches et habilitent ceux qui gouvernent en profitant du système. À l'échelon le plus bas d'une très haute hiérarchie se trouve la classe ouvrière, complice involontaire et vraie productrice d'une richesse qu'elle ne peut jamais espérer acquérir en raison des maraudages politiques, des larcins, d'une fiscalité prédatrice, des échappatoires juridiques et d'une augmentation perpétuelle du coût de la vie artificiellement maintenue afin de favoriser le vendeur au détriment de l'acheteur. Ce que le système broie et crache aussitôt, sont ceux qui ont déjà été régurgités parce qu'ils sont essentiellement inutiles, sinon préjudiciables à une société qui vénère l'esprit d'entreprise, qui glorifie la jeunesse, la beauté et les musclés — aux dépens des retraités, des sans-abri, des chômeurs, des personnes âgées et des malades, des sans-papiers et des réfugiés, bref, les détritus humains qui ne meurent pas assez vite, cette sous-caste ennuyeuse d'intrus pauvres et superflus qui troublent l'ordre public tout simplement parce qu'ils existent.

Les gouvernements ne sont pas érigés au profit des contribuables : Ils s'effondreraient comme un château de sable sous le poids d'un tel altruisme. L'autorité politique doit alors transformer le *pouvoir* en *droit* et l'asservissement contraint en devoir [patriotisme]. Ainsi, les hommes cèdent à la force par nécessité, peur ou prudence, pas par dessein. Ils sont manipulés jusqu'à l'incohérence par des dirigeants habiles. Ils se soumettront à leurs bévues tout en sachant qu'ils ont affaire à des crapules. Ce n'est que lorsque nous sommes libres de déjouer les obstacles qui mettent en péril ou éteignent nos rêves que nous pouvons légitimer notre insubordination. Abandonner ses rêves, c'est renoncer à son humanité, dégarnir la vie de tout sens moral.

Loin de protéger leurs sujets, les gouvernements, comme des épiphytes, se greffent sur eux et les citoyens sont censés croire que ces parasites sont élus pour leur faire plaisir. L'histoire nous enseigne que laissés à eux-mêmes les riches et les puissants maraudent, subjuguent et, *in extremis*, neutralisent ou massacrent les insoumis. Les rêveurs doivent lutter sans répit contre le dogmatisme et l'idolâtrie. Il a fallu les bouleversements de l'humanité, l'instinct tribal du cannibalisme racial et du chauvinisme pour que les sociétés du XXIe siècle se reconnectent consciemment à un ancien idéal chimérique : l'universalité de l'homme moral.

Plus est vaste la distance entre le souverain et le peuple, plus susceptible est le souverain de recourir à la violence. Heureusement, le corps politique, comme les hommes, se décompose petit à petit dès sa naissance. Il porte en lui la semence de sa putrescence imminente.[6] Ce n'est que lorsqu'il exhibe des signes de fatigue, d'asymétrie, de discorde et de décrépitude intellectuelle que les rêveurs peuvent se lever, dire NON ! et transformer les rêves en action. Comme l'a écrit Léon Trotski,

> *Tant que le pouvoir du travail humain et, par conséquent, la vie elle-même, sont des objets de vente et d'achat, d'exploitation et de vol qualifié, le principe du « caractère sacré de la vie humaine » reste un mensonge honteux, prononcé dans le but de garder les esclaves enchaînés.*

Les riches sapent l'économie et fractionnent la société. Ils détiennent des pouvoirs et jouissent de privilèges dont ils refusent de se séparer. Profitant des catastrophes qu'il engendre, ayant recours à toutes les abominations, y compris la guerre, pour se défendre, le capitalisme, jusque-là rassasié, choira dans un état de catabolisme, un processus auto-cannibalisant caractérisé par une soif insatiable du profit et qui ne peut être

---

[6] *Grandeur et Décadence d'un Peu Tout le Monde*. Will Cuppy (1884-1949).

alimentée qu'en dévorant la société qui le soutient.

Le capitalisme est un monstre qui se nourrit des profits qu'il génère. Il n'est fidèle à personne — nation, société ou idéologie. Il ne se soucie pas de la planète et se moque de la justice, l'égalité, l'honnêteté, la liberté, les droits de l'homme, la démocratie, la paix mondiale ni même la croissance économique et le « libre marché. » Sa raison d'être est de maximiser le rendement du capital investi. Le capitalisme se dit ouvert d'esprit et tolérant ; il trahira sans hésiter tous ceux qui s'y mettent en travers.

LE CAUCHEMAR DES RÉVEILLÉS

Dépourvu d'empathie, l'altruisme n'étant guère une priorité, le « progrès » ne sauvera pas les sociétés souffrantes, surtout celles qu'il étouffe sous le poids de ses innovations. Le « progrès » est un statu quo ininterrompu foisonnant de nouveautés pondues en séries et dont l'obsolescence programmée n'affine ni le cerveau ni l'esprit ; c'est une illusion exploitée par des intérêts commerciaux.

◆

Un beau jour nous quittâmes nos cavernes et troquâmes le nomadisme pour la chasse et, plus tard, l'élevage et l'agriculture. Nous nous sommes ensuite livrés à une existence troglodytique dans des fourmilières de béton, de briques et d'acier densément peuplées et sillonnées d'artères encombrées, bordant des usines et des raffineries polluantes, des commerces, des gares et des hôtels. On a beau nous dire que l'homme est une espèce grégaire, que l'union fait la force, nous refoulons une idiosyncrasie humaine fondamentale : lorsque nous sommes obligés « d'être ensemble » d'être sociables, de nous fourrer l'un contre l'autre, c'est-à-dire de nous plier aux exigences et attentes d'une soi-disant société, nous risquons de devenir insociables.

◆

Nous avons ensuite conquis la gravité, érigé des stations spatiales orbitales, gravé nos pas sur la Lune, atterri des vaisseaux robotiques sur Mars et envoyé des sondes sur des courses de reconnaissance aux confins du vide intergalactique. Deux missions vers Vénus sont prévues d'ici 2030, chacune étiquetée à cinq-cents millions de dollars ! Nous communiquons maintenant à l'aide de gadgets irritants qui nous transforment en bavards monosyllabiques, et qui réduisent les entretiens sérieux à de piètres babillages. Les téléphones « intelligents » nous transforment en crétins. Les jeux informatiques, qui attisent le cerveau reptilien, s'emparent des esprits impressionnables et les immergent dans des mondes de violence virtuelle aguichante.

Et puis pendant plusieurs siècles, nous nous sommes lancés dans des campagnes militaires, certaines inspirées par l'Église—les Croisades au cours desquelles des milliers de Juifs, de Musulmans et d'Albigeois furent massacrés. Conçue pour lutter contre l'hérésie et renflouer les fortunes du Vatican, la « Sainte » Inquisition tortura et extermina deux cent mille hommes, femmes et enfants. Plus tard, nous mènerons des guerres pour mettre fin à toutes les guerres, des guerres de libération au cours desquelles Coventry et Dresde, Le Havre et Rotterdam, Nagasaki et Hiroshima furent pulvérisés ; guerres de religion, fratricides et génocides; guerres d'occupation et de colonisation économique; guerres illicites et ruineuses fondées sur l'exceptionnalisme et un patriotisme pernicieux, et scénarisées pour « pacifier » et « démocratiser » des pays qui n'ont jamais connu la paix ni la démocratie (Irak, Afghanistan); guerres de représailles (Corée, Vietnam); guerres d'arrogance

(Grenade, Panama). Ça n'en finit pas.

Oui, nous avons engendré Socrate et Shakespeare, Léonardo et Locke, Mozart et Michel-Ange, Empédocle et Einstein ... et enfanté Attila et Hitler et Staline et Mao et Pol Pot et Idi Amin et Ceausescu et Saddam et Kim Il Sung et Pinochet et Kadhafi et .... La civilisation moderne n'a pas rendu l'homme plus heureux ou plus vertueux. Il ne peut trouver le bonheur que dans un état de nature et de liberté. Tout le reste est une triste imitation du bonheur. Nous feignons la sérénité, mais nous sommes rongés d'inquiétude. On rit pour ne pas pleurer. L'espoir est une panacée qui nous protège contre tout ce qui nous menace, nous fait mal, nous offusque ; l'espoir est notre antidote contre la réalité, contre l'influence avilissante des temps modernes. Les sociétés sophistiquées corrompent les hommes.

Entre-temps, alors que les politiciens se plient aux exigences des élites ploutocratiques, alors qu'ils mentent pour justifier leurs rapines et leurs guerres, et qu'ils embauchent des voyous pour attiser la haine et semer la pagaille, nous devenons conscients de l'effet nocif que l'emploi incontrôlé de combustibles fossiles a sur notre planète fourbue. D'ici la fin de ce siècle, plusieurs régions du golfe Persique souffrirons des vagues de chaleur et d'humidité si élevées qu'elles feront des milliers de victimes. Les pôles, les glaciers fondent, Les océans risquent de déborder. Selon un témoignage de la Banque Mondiale, l'élévation du niveau des mers par rapport aux émissions de carbone non contrôlées pourrait réduire plus de cent millions de personnes à la famine et submerger une centaine de villes. Les « chocs » liés au climat, affirme le document, obstruent déjà les efforts visant à réduire la pauvreté, les pertes de récoltes, la hausse des prix alimentaires et d'autres impacts sur l'agriculture, qui est la principale source de revenus pour la plupart des familles pauvres. Les changements climatiques augmentent également le risque de maladies d'origine hydrique. Un réchauffement de 2°C à 3°C est susceptible de mettre cent cinquante millions d'êtres humains en danger de paludisme et d'autres maladies transmises par des insectes.

Débordant de substances nocives — pétrole, plastiques, déchets industriels et agricoles et produits chimiques toxiques — les mers s'acidifient et mettent en péril les organismes aquatiques. Les récifs meurent. Les rivières sont contaminées. Les lacs se transforment en fosses fétides. La sécheresse et les incendies déciment les terres boisées. La fréquence et violence des cyclones et des pluies torrentielles augmentent. Déshydratées, les prairies se ratatinent sous un soleil implacable. Des peuples disparaissent et, avec eux, les langues qu'ils parlaient, les arts et l'artisanat, la musique, les danses, et les traditions orales qui leur conféraient leur identité. Cinq mille langues et dialectes sont encore parlés ; vingt-cinq disparaissent chaque année. D'ici la fin de ce siècle, la moitié de ces idiomes seront désuets ou morts. La vie, humaine, animale et végétale, est en voie d'extinction et avec elle, d'innombrables rêves inexaucés.

◆

Le mythe, « tous les hommes sont créés égaux, » est né d'un raisonnement chimérique sinon perfide. S'il en était ainsi, nous serions tous riches (ou pauvres); intelligents (ou stupides); en bonne santé (ou malades); doués (ou ineptes); débrouillards (ou sans imagination); vertueux (ou méchants); destinés à guider les hommes (ou être réduits à l'esclavage). Mais même l'homme le plus puissant ne peut maîtriser son destin que s'il partage son pouvoir avec des complices dont l'allégeance—étayée par des faveurs louches et des pactes secrets—le protègent contre la déchéance. Les faibles doivent lutter. Sans rêves, nous devons soit pâtir la cruelle impartialité de la vie soit nous rendre aux vampires qui nous guettent.

◆

Vous-souvenez-vous de la douce Anne Frank ? Comme Marianne, elle misait sur la bonté naturelle de l'homme et rêvait d'un monde où l'amour vainc le mal. Elle fut suppliciée sur l'autel de sa naïveté. Si elle avait eu raison, une quinzaine de millions d'innocents—Juifs, Slaves, Tsiganes, Arméniens, homosexuels—n'auraient pas été entassés dans des wagons de bétail et expédiés vers les camps d'extermination d'Hitler. Né Juif, pauvre et rêveur, ayant survécu à l'Holocauste, je suis convaincu qu'il est « propre à l'homme » non seulement de rire,[7] mais de produire des monstres. Nous ne pouvons pas nous permettre le luxe de présumer que d'autres monstres ne sont pas, en ce moment même, en train de couver dans les entrailles de leurs mères. Il y

---

[7] Henri Bergson (1859-1941)

aura d'autres génocides.

♦

« *On ne peut régner innocemment.* » Ainsi déclarait Louis Antoine de Saint-Just (1767-1794), un des architectes de la Révolution française, un événement qui purgera la France du joug féodal, de la monarchie absolue et du despotisme religieux. Surnommé « l'Archange de la Révolution, » telle était la férocité de son engagement envers une insurrection née de siècles de décadence, d'oppression et d'exploitation, Saint-Just plaidera que l'homme est un animal social et que dans la nature il n'y a besoin ni de contrats ni de lois. Hélas, deux siècles plus tard, il ne reste si peu de « nature » que les hommes s'entassent dans des agglomérations de plus en plus congestionnées et se soumettent, bon gré mal gré, à des conventions artificielles qui stimulent la débauche et incitent l'inégalité et l'injustice. Les vassaux, les faibles et les sans-voix sont toujours immolés afin que les suzerains puissent prospérer.

Alors que la première loi de la société est de sauvegarder les armatures qui la protègent, la première loi de l'homme est de réaffirmer son identité dans un monde qui sacrifie les nombreux au profit d'une minorité privilégiée. Ce n'est qu'alors qu'il peut devenir son propre maître et se défendre contre ceux qui lui font du mal, qui lui ôtent le droit de rêver.

TOUT EST MISE EN SCÉNE

Franklin Delano Roosevelt a déclaré : « Une intendance régie par les riches est aussi nocive qu'une gestion par la cohue. » Conscient que toute politique est fondée sur les intérêts privés de l'élite dominante [et alors que la droite menaçait déjà les intérêts de la majorité] Dwight D. Eisenhower mettra en garde contre une collaboration un peu trop intime entre les grosses industries et l'établissement militaire. Il critiquera ouvertement leur appétence pour les enchevêtrements armés. Les économistes et les spécialistes des sciences sociales exposeront les outrances qui, six décennies plus tard, transformèrent les États-Unis en un pays mafieux voué à enrichir une poignée de richards tout en castrant une classe moyenne autrefois florissante et en appauvrissant davantage les appauvris. Quand un système politique est édifié sur le pouvoir mais manque de légitimité, les comportementalistes ajouteront, il implosera. S'il affirme des vérités morales mais manque de pouvoir pour les faire respecter, il s'effilera. Leurs conseils furent ignorés.

◆

La vénalité est la mère de tous les vices. Sans elle, nous habiterions un monde imaginaire où règnent l'égalité, la mansuétude et la justice. Elle est aussi puissante que l'instinct reproductif. Son chant de sirène est irrésistible. L'aveuglement et la tendance des hommes à pervertir la réalité afin d'éluder l'effet dégrisant de la raison sont ses armes de choix. Nous sommes tous corruptibles. Jouer la comédie en prétendant ressembler à ce que la société exige nous accorde quelques petites faveurs et nous protège contre la censure ou les châtiments. Et puis il y a ceux qui peuvent être achetés, qui feront n'importe quoi — mentir, tricher, trahir, et même tuer. Un rêve amer survenu lors d'une nuit noire et orageuse, et après avoir digéré les horreurs du dernier bulletin d'information, me permettra de synthétiser mes aperçus et d'y trouver la source de tous nos maux :

> *Depuis la chaire du prédicateur jusqu'aux bancs d'école on justifie le lien entre l'ordre de la nature et la structure de la société. Il existe, nous dit-ont, une hiérarchie cosmique, avec « Dieu » au sommet, suivi des anges, des saints, ensuite des hommes, et des bêtes. Simultanément, il existe aussi une échelle sociale dominée par les monarques, talée par les aristocrates, leurrée par le clergé, escroquée par la petite noblesse commerçante, dévalorisée par la populace, et rachetée par ceux qui ne sont redevables à personne. Tout est mise en scène. Nous nous levons tous les matins et nous grimpons sur les planches. Épouses et conjoints miment des rôles pour lesquels ils sont inaptes. Les enfants jouent à être fils et filles, cowboy et indien, gendarme et voleur. Les instituteurs se prennent pour des pédagogues. Contraint par « Dieu, » Moïse, impitoyable inquisiteur qui invoqua les plaies et les feux de l'enfer sur tous ceux qui revendiquent le droit de communiquer directement avec YAHWEH, incarne*

le légiste vengeur. Enfiévré par l'exaltation messianique que l'invasion romaine suscite parmi les Juifs de l'ancien royaume davidique, Jésus accepte le rôle de « Sauveur. » Ponce-Pilate joue gouverneur de la Judée ; Tibère joue l'empereur. Les Croisés et les inquisiteurs montent des tueries épouvantables ; leurs victimes sont des figurants anonymes que les metteurs en scène relèguent à l'arrière-plan. Les prophètes, les mystiques, les papes, et les « princes » de l'Église sont les protagonistes d'un absurde spectacle qui les met à l'écart des simples mortels. Les rois et les reines, tous des pillards, usurpent les droits du peuple et jouent au seigneur ; leurs sujets s'amusent à être leurs vassaux. Hitler joue Hitler et Mussolini interprète Mussolini. Staline et Mao et Pol Pot et Ceausescu et Saddam Hussein et la dynastie Kim grimpent sur les tréteaux de leurs convictions diaboliques. Joseph McCarthy, un ivrogne et un menteur débordant de haine pour tous ceux qui, selon lui, ne se soumettent pas à la métaphysique américaine — capitalisme effréné, racisme, xénophobie, christianisme moralisateur fanatique, et « patriot- isme » antisocialiste — prétend être sénateur. Les historiens jouent avec le passé et le modifie selon leur optique. Les soldats jouent à la guerre ; les policiers et les forbans exercent des rôles qui se confondent. Les politiciens font la comédie tout en prétendant représenter le peuple tandis qu'ils l'écorchent et se vendent au soumissionnaire le plus offrant. Même les filles de joie ont plus de pudeur. Les banquiers jouent au Monopoly avec l'argent des autres, le prêtent à des termes usuriers et payent des intérêts fesse-mathieux.

Le clergé rédempteur berne les croyants qui jouent le jeu des âmes-sauvées. Les pharaons se prenaient pour des dieux. Sourd, muet et aveugle, « Dieu » continue à jouer à cache-cache dans son fief fictif. Papa joua au médecin, maman à la femme de foyer. À leur mort, les membres du cortège funèbre jouèrent au deuil. Ils rentrèrent chez eux, soupèrent, dormirent, chièrent, baisèrent, et jouèrent à la vie jusqu'au jour où ils moururent à leur tour. La bête sauvage que nous sommes rugit avec de plus en plus de férocité. La race humaine est une hydre dont la seule raison d'être est de se reproduire et, le jour venu, de se dévorer. Tout ça c'est une immense, cocasse, déchirante, sordide, affreuse mise en scène, une fête foraine où règnent les jongleurs, les illusionnistes, les funambules, les contorsionnistes, et les monstres. Afin de les démasquer et d'en parler à haute voix, j'ai joué au journaliste, le rôle qui me permettra enfin de me reconnaître et de me gracier.[8]

La corruption est le soubassement sur lequel les affaires et la gouvernance sont ancrées. Elle est devenue un réflexe coutumier, ritualisé, enraciné. Elle fait partie du tissu social. Le peuple est tellement accoutumé à cette dégénérescence qu'il ne la reconnait plus pour ce qu'elle est : le processus de putréfaction par lequel un pays se décompose et s'effondre. Dans un nombre croissant de nations crypto-autocratiques où la richesse et la puissance politique appartiennent aux fortunés et aux tout-puissants, « nos chers concitoyens » ne

---

[8] JEU DE RÔLE : Souvenances d'un Baladin (© 2019 – CCB Publishing).

comptent pas. Ceux qui protestent sont ignorés, leurs griefs perdus dans les couloirs poussiéreux d'une bureaucratie byzantine ; ou alors ils risquent d'être supprimés.

◆

—Nous sommes obligés de fermer les yeux, avouera un magistrat en Amérique Centrale. Nous disculpons la corruption parce qu'elle est omniprésente et inextirpable. Nous sommes des pions sur un vaste échiquier politique régi par une dizaine de familles richissimes qui contrôlent tout : la presse, les banques, les services publics, les hôtels, l'industrie du tourisme, les transports en commun, la Poste. Ici les justiciers meurent jeunes. D'autres contraintes ôtent aux gens l'envie d'être honnêtes, parmi elles la prise de conscience stupéfiante que les élus, compte tenu de leur propre vénalité et des intrigues dans lesquelles ils sont enlisés, souvent de connivence avec des éléments criminels, sont si inextricablement pris au piège de leurs activités ombragées qu'ils seraient incapables de déficeler les problèmes dont ils sont responsables— même s'ils essayaient. Ces contraintes existent surtout dans les soi-disant « pays en développement, » un euphémisme pour les pays désespérément stagnants, arriérés ou en état en déliquescence qui encouragent deux formes de dévergondage : la corruption d'opportunisme et celle occasionnée par la nécessité. La première a toujours existé. Elle se répandra là où les rusés ont le dessus. La deuxième se produit lorsque, réduits à leur état primal, et incapables de survivre par d'autres moyens, des êtres humains par ailleurs intègres sont obligés d'agir malhonnêtement. Ce syncrétisme n'est pas une coïncidence. Plus une nation s'appauvrit lorsque le trésor national est jalousement tenu par une minorité privilégiée, plus la tentation et les moyens de tromper et de frauder sont grands. La corruption ne se produit pas dans le vide. C'est un système de valeurs et de comportements qui implique une collusion entre les entités consentantes : les corrompus et les corrupteurs.

◆

Tout comme l'obligation sacrée d'un constructeur naval est d'assurer la navigabilité d'un bateau, un gouvernement doit donc déterminer, de son propre gré (s'il est honnête), ou par plébiscites populistes, ou par révolte, si les ukases qu'il promulgue sont favorables ou préjudiciables à tous ses citoyens. Sachant que les riches, qui considèrent l'égalitarisme et la justice nuisibles à leurs intérêts, l'empêcheront par instinct ou par attirance de gouverner équitablement, une administration honnête devrait promouvoir un système socio-économique qui ne tolère pas tant de misère, tant de rêves brisés au sein de l'abondance. En réalité, un « gouvernement honnête » n'est qu'un triste oxymore. Laissés à eux-mêmes, les hommes seront conduits par leurs passions ou leurrés par la convoitise de leurs seigneurs vers l'écueil. Certains perdront le don ou le goût du rêve. D'autres abdiqueront leur droit d'envisager une réalité plus obligeante parce qu'ils craignent la colère de ceux qui, en incitant l'égoïsme, l'objectivisme, la richesse, le copinage, l'exploitation des salariés et le bien-être des entreprises—détiennent le pouvoir d'éteindre leurs rêves.

Les crises qui confrontent aujourd'hui des millions de rêveurs désespérés en quête de liberté et de rédemption continuent à creuser des fissures profondes qui menacent de déchiqueter les rêves et d'émasculer les rêveurs. Au sens strict du terme, il n'y a jamais eu de véritable démocratie, et il n'y en aura jamais tant que le peuple ne parvient pas à contrôler son destin. La tragédie, la honte est que le public ne réagit pas, soit par paresse, peur, indifférence, ou stupidité — surtout par stupidité. Les politiciens exploitent la situation et leurs acolytes, les bien nantis, garantissent leur réélection.

LE CRÉPUSCULE DES IDOLES

Je n'ai pas d'idoles, vivants ou morts. À part mon feu père, un homme incorruptible et généreux, et ma mère, une femme douce et bienveillante, j'admire peu de gens, illustres ou inconnus. Il leur faut un mélange exceptionnel de génie créatif, d'intégrité, d'altruisme et de témérité face à l'ignorance, à la superstition et à la haine pour attiser ma révérence. Certes, Descartes et Spinoza, Mozart et Beethoven, le Père Damien et Albert Schweitzer, Mahatma Gandhi et Martin Luther King, Breughel et Van Gogh, Dostoïevski et Zola, sont en tête d'une longue liste de personnages pour lesquels j'ai le plus grand respect. Ceci dit, ceux que j'admire le plus sont les rêveurs convaincus—les infidèles, les humanistes et les agitateurs : Giordano Bruno, philosophe italien, mathématicien et poète (emprisonné pendant sept ans dans un donjon, condamné à la torture, puis au bûcher en 1600 pour « *avoir tenu des opinions contraires à l'Église et s'être exprimé contre elle et ses ministres* ») ; François-Noël Babeuf (1760-1797), frondeur et journaliste radical guillotiné. On l'immortalise pour avoir affirmé : « *La société doit être régie de manière à éradiquer une fois pour toutes l'envie des hommes de devenir plus riches, ou plus sages, ou plus puissants que les autres ;* » Pierre-Joseph Proudhon (1809-1865), polémiste, journaliste et anarchiste qui a défini la propriété comme un vol ; Jacques Roux (1752-1794), prêtre catholique radical qui a joué un rôle actif dans la politique de la Révolution française et qui devint un leader de l'extrême gauche. Roux résuma les idéaux de la démocratie populaire et d'une société sans classe à des foules d'ouvriers et de petits commerçants parisiens. Ils deviendront une force révolutionnaire active ; Mikhaïl Alexandrovitch Bakounine (1814-1876), révolutionnaire russe et l'un des principaux fondateurs de la tradition socialiste et anarchiste ; Marius Jacob (1879-1954), un illégaliste anarchiste français. Habile cambrioleur doté d'un sens aigu de l'humour, capable d'une grande générosité envers ses victimes, il devient l'un des modèles du personnage d'Arsène Lupin de Maurice Leblanc ; William Lloyd Garrison (1805–1879), abolitionniste, journaliste, suffragiste et réformateur social ; Emma Goldman (1869-1940), anarchiste qui rejeta l'orthodoxie et la pensée fondamentaliste ; et Robert Ingersoll (1833-1899), (surnommé « Le Grand Agnostique ») avocat américain, vétéran de la guerre de Sécession, dirigeant politique et orateur pendant l'âge d'or de la libre pensée.

Je ne pourrais vous dire quand ni comment cette estime pour la bravoure, l'impiété et le culot naquit. J'ai toujours admiré ces hommes et femmes parfois moins que chastes qui, en se dressant contre l'ignorance, la crédulité et le chauvinisme, ont réussi à influencer, si toutefois brièvement, leur société. Quand je pense à eux, j'imagine aussi combien certaines sociétés stagnantes bénéficieraient de leurs idées s'ils vivaient à notre époque.

Certains lecteurs marqueront au fer rouge ce saut-arrière dans le temps. Quête triviale, s'esclafferont-ils, sommations inapplicables au présent. Ils sont myopes. Le passé a toujours été un préambule. Un passé sclérosé, comme un présent véreux, avarie l'avenir. Jointes aux faits, les trivialités sont inappréciables. Elles mettent de la viande sur l'os de l'Histoire et avisent les voyous et les usurpateurs que la postérité les surveille et qu'elle s'apprête à riposter.

RÊVES AUX ENCHÈRES

L'Histoire est repue de rêveurs qui ont voulu créer ce qu'ils s'imaginaient être un monde parfait, d'habitude sans le consentement du monde et le plus souvent à son détriment. Moïse a imaginé un ensemble d'injonctions qui sont obstinément ignorées. Des milliers de lois furent édictées tout au long des siècles afin de faire respecter dix commandements ; elles sont impunément enfreintes. Galvanisé par la ferveur messianique de son peuple, Jésus tenta de répandre le judaïsme parmi les Gentils. Ses disciples faussèrent son message et l'antisémitisme surgit. La Pax Romana de César fut extorquée à coups de glaive et la République tomba. Le prophète Mohammed força ses catéchumènes à se soumettre à un simulacre austère et belliqueux de la chimère judéo-chrétienne. Les Croisés — des crapules, terroristes religieux, mercenaires — massacreront des milliers de Juifs et de Musulmans sous prétexte de « recouvrer » la « Terre Sainte » et de la livrer au Christianisme, une religion qui n'a gagné un statut officiel que 325 ans après la mort de Jésus et dont l'acte de foi depuis cette date fut de blasphémer les Juifs et les Musulmans. Dirigé par l'Église et financée par des rois, l'Inquisition envoya des milliers « d'hérétiques » au bucher après les avoir méthodiquement dépouillés de leurs biens. Qui sait quels trésors se cachent dans les caves du Vatican ?

Brandissant l'épée d'une une main, la Croix de l'autre, joignant le fanatisme des Croisés et la férocité des inquisiteurs, les conquistadors laissèrent derrière eux une traînée de sang qui s'étendit du Mexique à la Patagonie. Ambitions grandioses, coalitions insensées et guerres expansionnistes mettront fin à l'obsession de Napoléon de créer une Europe unie. Karl Marx plaida en faveur d'une répartition équitable des biens produits collectivement. Fortuné et dédaigneux du prolétariat, il ne sembla pas se soucier des effets nocifs de la cupidité sur l'altruisme—carence et vertu que l'on ne peut d'un côté éliminer et de l'autre promouvoir. Il oublia que les rêves sont dévorés par l'idéologie. Staline et Mao fausseront les grandes illusions de Marx et feront d'elles un cauchemar qui éteindra le dernier espoir de rédemption de l'humanité. Voulant à tout prix créer une race supérieure robotisée, Hitler anéantira des millions de rêves. Ces « rêveurs » ont tous envahi nos vies dans le but d'imposer leurs normes de la réalité sur un monde qui se reproduit avec une imprudence criminelle et peut à peine se nourrir.

♦

Les utopistes ne font jamais autant de mal que par conviction. Ils croient pouvoir façonner une « société parfaite. » Ils ont une vision idyllique d'un monde imaginaire et par conséquent aberrant. Dans l'abstrait, une société parfaite pourrait devenir le paradigme d'une métempsycose spirituelle de la race humaine. Entre les mains des condottières, ce parangon s'abandonne à l'opportunisme, et l'opportunisme encourage la corruption et la criminalité. Inévitablement, les rêves utopiques se transforment en cauchemars dystopiques.

Le philosophe Karl Popper (1902-1994), déclara que le fanatisme ne doit pas être toléré, « car si la mansuétude permettait au sectarisme de prévaloir, elle serait mise en péril. » Il insista sur le fait que l'utopie mène vers le despotisme. L'écrivain prix Nobel, Mario Vargas Llosa (1936-), ajouta que l'idée d'une société parfaite est la lubie des monstres : « Quand on veut commercialiser le paradis, on vend d'abord un platonisme irrésistible. L'enfer s'en suit. » Llosa faisait allusion à la tyrannie des dogmes inflexibles tels que le nationalisme enragé de la droite politique, le despotisme religieux et la promesse fantaisiste d'un au-delà. Mais il se prémunissait aussi contre l'idée invraisemblable que les rêves, aussi nobles soient-ils, peuvent se matérialiser sans risques ni conséquences pour le rêveur. Des sociétés parfaites ? Dans un monde qui ne peut manger à sa faim, un monde où des élites richissimes règnent tandis que des millions sont paralysés par la pénurie et le désespoir ? Un monde si démantibulé et si vulnérable que les dirigeants se détournent impunément de leurs responsabilités et gouvernent sans envisager l'avenir des générations futures ? Ces Nirvanas sont-ils affermis par l'amour et la générosité, la sagesse et la raison ? Ou sont-ils les rêves gangrénés des hommes brisés que le rêve des autres reléguera au dépotoir de l'Histoire ?

Utopie est un mot grec. Il signifie « nulle part. » Il n'existe que dans l'esprit des naïfs, des mystiques et des charlatans. Sociétés modèles ? Des modèles de quoi ? Sont-elles, comme le prototype fantastique de Thomas More (1478-1535), des confréries où l'argent est inutile puisque tous les biens sont détenus de façon centralisée et les besoins de survie de base, comme le logement, la nourriture et les soins de santé, sont produits en commun ... ou des pièges idéologiques où les hommes ne cessent de mentir, de se dévaliser, de duper les naïfs et les pauvres, d'empoisonner la planète et de s'enrichir?

♦

Les univers parallèles (ou réalités alternatives) dans lesquels les lois de la physique sont non seulement dissemblables, mais en conflit) n'existent que dans la science-fiction et la mécanique quantique. Remis sur Terre, le concept prend des dimensions sinistres. Coexistant côte à côte dans des conditions d'insensibilité réciproque, l'un stimulé par la ladrerie, l'autre victime d'une pénitence prolongée, sont les riches et les gens au bord de la misère. Tel est le visage du féodalisme moderne. Peu connues pour leur altruisme ou leurs hautes valeurs morales, les grandes entreprises—alors que les sans-abris et le nombre de gens mourant de faim augmentent—s'empiffrent et s'enrichissent. D'une part il y a la kermesse des hyper-riches qui, par amour du « jeu, » risquent de tout perdre sans toutefois se ruiner—de l'autre, le terrain vague des super-pauvres. Alors que les institutions financières créent des milliards de dollars, un grand nombre de gens sombrent dans l'insuffisance et s'y noient. Un rêve plus modeste n'est réservé qu'à ceux que les slogans, les diktats, le drapeau, le chauvinisme, l'intrusion omniprésente de « Dieu » dans les affaires des hommes, et l'air de coquetterie et de supériorité morale de leurs seigneurs les soumettent à l'asservissement et l'exploitation.

Le vainqueur ? Le fascisme, né des mêmes appréhensions fictives, de la même avarice, et animosité sans fondement qui l'ont ragaillardi au début du XXIe siècle. Les symboles du fascisme sont devenus anathème, mais ses prétextes, ses prétentions n'ont pas changé. Les hommes sont égoïstes, cupides et corruptibles. Le capitalisme leur permet de s'abreuver du sang des innocents et d'ironiser ceux qui n'ont pas leur fibre entrepreneuriale.

TANT D'AUTELS, SI PEU D'AMOUR

Quand l'irréalité n'est pas assez étrange, il faut en fabriquer une autre, tout aussi aberrante et susceptible d'enflammer les passions et d'attiser les querelles sectaires. Prenez les lieux de culte qui prolifèrent dans la petite ville où je vis. Ils sont là, dégarnis de toute allégorie, comme le mini-marché du coin, le poste d'essence, le Mac Donald, le parc à roulottes miteux avec son quota de prédateurs sexuels et de libérés conditionnels. Ils se dressent, banals et suffisants, panthéons d'idolâtrie, temples de fumisteries où sont manipulés les peurs et les obsessions et les espoirs et les chimères qui hantent les fidèles. L'athéisme, ils râlent, est une malédiction, le sécularisme, ils tonnent, un péché maudit. Jésus est le salut, ils proclament et les pêcheurs se ruent vers leurs autels dans l'espoir d'être libérés, purifiés, exonérés et leurs âmes garanties un vol en première classe vers l'Eden. Ces sanctuaires sont richement sponsorisés, alors que les écoles se dégradent et ferment leurs portes, que des hôpitaux font faillite, que les institutions culturelles sont dépouillées et que des services sociaux indispensables sont réduits pour « raisons budgétaires, » tandis que la mesquinerie et la corruption fleurissent dans les salles de conseil et les assemblées législatives et que les grandes entreprises ne payent pas d'impôts. Il y a plus d'autels que de bibliothèques, de théâtres et des musées. Et pourtant, il y a très peu de religion dans ces saints lieux, seul des rituels et des croyances inflexibles et la conviction inébranlable par chaque culte que lui seul possède la clé du royaume de « Dieu. »

♦

Mon quartier dispose de cinq oratoires. Chacun proclame servir le Christ Rédempteur, le Sauveur, le Roi des Rois. Tous garantissent la grâce par l'intermédiaire de la communion, mais leurs paroissiens préfèrent brûler en enfer plutôt que d'adorer la Sainte Trinité dans l'harmonie œcuménique. Les Catholiques ne prieront pas avec les Baptistes ; Calvinistes et Quakers ne s'entendent pas. Les Orthodoxes et les Adventistes se détestent. Rejetant les sciences, la « Science Chrétienne, » les Presbytériens et Méthodistes ont une conception du salut diamétralement opposée. Les schismes, qui se développèrent peu après l'avènement du Christianisme en l'an 325, certains banals, d'autres titanesques, continuent à fractionner les croyants. Il est plus facile — et plus commode — d'adorer le Prince de la Paix que d'emboiter ses pas. Vivre par l'exemple, débarrassé d'une doctrine codifiée contraignante, est beaucoup plus difficile que de se soumettre machinalement à un rituel robotique. C'est pourquoi les fidèles se réunissent pour se faire voir, s'asseoir, se tenir debout, s'agenouiller, se croiser, baisser la tête ou balloter des mains tremblantes vers le ciel dans un synchronisme d'euphorie générale insensée. On s'imite pour mieux se sentir unis par une chimère commune. La piété dont ils font preuve leur vaut l'estime jalouse des fidèles et, provisoirement, la conscience nette sans laquelle ils ne croient pouvoir vivre. Une conscience nette est l'indice d'une mauvaise mémoire. Ils prétendent aimer leur « prochain » afin de glorifier leur propre ego. Leur amour n'engage ni l'abnégation ni le dévouement. L'Homo sapiens n'est séduit que par le cabotinage. Nous répondons aux gestes, pas à la raison.

Tous les dimanches, vêtus de leurs frusques de fêtes, les âmes pieuses débarquent de voitures fraîchement astiquées et s'acheminent solennellement vers leurs sanctuaires respectifs. Dans cette église on prie en silence. On pourrait entendre une mouche voler. Dans l'autre, endiablés par des paroxysmes d'allégresse, les paroissiens frétillent comme des macaques en proie à la démence. Tous récitent des mots si souvent marmonnés qu'ils n'ont plus aucun sens. Tous insistent que l'humanité ne pourrait survivre sans religion, que nous sommes incapables d'éclairer notre propre chemin, que « Dieu » est l'alpha et l'oméga, la promesse et la récompense. Leurs convictions sont si fermement ancrées et si dénuées de bon sens qu'ils ne voient aucune contradiction entre la divinité « immanente » qu'ils exaltent et l'être tout-puissant, invisible, sourd, muet, impitoyable (mais il nous aime !) tellement dissocié des hommes qu'il (ou elle ?) s'en fout des calamités qui s'abattent sur eux, des rêves qui leur sont refusés.

Ils sont tous tellement immergés dans leurs dévotions qu'ils ne peuvent concevoir que leurs croyances, qui transforment des mythes en articles de foi, désunissent les hommes et les dresse les uns contre autres, qu'elles sont intolérantes, que la Règle d'Or n'est valable « qu'entre *nous*, » qu'elle punit le présent pour expier l'avenir, que beaucoup de sang continue à être versé en son nom pendant que les ouailles se livrent à des conversations à sens unique avec un « Dieu » qui ignore les rêves des hommes et n'a jamais versé une seule larme.

♦

L'intolérance religieuse rend impossible la coexistence avec ceux que l'on considère profanes, impurs, damnés ou « contraires. » Les hérétiques doivent être exorcisés ou abattus. Favorisant la tyrannie, les religions ne prêchent que la servitude et la soumission. Les fanatiques religieux sont les troupes d'assaut de leurs crédos. Les rêves qu'ils colportent ne sont pas de ce monde. Un des outils que les briseurs de rêves utilisent pour semer leur vision de la réalité est la tromperie. Les querelles qui clivent la société découlent d'un tir à la corde frénétique entre des idées contradictoires. Les vérités essentielles sont piétinées au passage. Tout le monde a des opinions, des convictions et des visions du monde. Nos idées sont érigées sur un vaste échafaudage de dogmes et de fictions, la plupart du temps énoncées par quelqu'un d'autre. Bien décidés à bourrer les cellules cérébrales dormantes de leurs enfants, les parents dictent leurs opinions, imposent leurs idiosyncrasies et empreignent leurs propres illusions, et les enfants s'y cramponnent, affirmant plus tard qu'elles sont le produit de leurs propres cogitations parce qu'elles les encouragent à ne pas penser, parce qu'elles les protègent de ce qu'ils craignent le plus—les ambiguïtés déconcertantes de la réalité perçue — parce qu'elles les tiennent sains et saufs dans les cocons idéologiques qu'ils ont tissés.

◆

L'homme est condamné à peser sa conscience. Sa dignité en dépend. Chaque être humain doit endurer le conflit entre la morale et le narcissisme. Il ne peut éviter ni l'un ni l'autre ; tel est le paradoxe de la vertu : comment vivre en sachant que nous sommes en quelque mesure responsables des crimes de notre siècle ? Comment faire taire les rêves dans lesquels retentissent les cris des martyrs ? Devons-nous choisir entre un « infini » irréel ou une existence réduite ? Chaque action est scellée dans le temps, irrémédiable, inoubliable. C'est la nature même de la souffrance humaine : pas d'indemnité, pas de rédemption. Les grandes décisions doivent être prises dans la lueur d'une cécité momentanée, dans le vacarme de la surdité.

L'homme est en état d'assignation à domicile ; il est le galérien de la temporalité. Il doit une fois pour toutes consulter sa raison au lieu de céder à ses instincts.

III
LE TESTAMENT DE MORPHÉE
Au-delà des rêves

On pardonne facilement un enfant qui a peur des ténèbres. La vraie tragédie c'est quand les adultes craignent la lumière.
— Platon (428-338 av. J.-C)

QUAND LE TEMPS
SUSPEND SON VOL

Un étrange phénomène, peu avant l'aube, me secoua d'une torpeur chargée de rêves : Le temps s'arrêta. Si personne n'est là pour le traverser, lorsque les instruments qui marquent son passage et lui attribuent sa rigueur sont bloqués (ou anéantis, comme certains de mes rêves prophétisent), le temps suspend son vol. Il peut ensuite être rembobiné et rejoué un cliché à la fois. Ce que nous lisons dans nos rêves, souvent banalisés comme des fantaisies oisives, sont en fait les pages errantes arrachées pêlemêle d'une collection inépuisable d'entretiens secrets avec notre for intérieur. Aristote a dit que lorsqu'on rêve … ce n'est qu'un rêve. Il n'a pas osé aller plus loin peut-être par crainte d'avouer que ce que nous découvrons en rêvant n'est que la réalité dans son ampleur la plus grotesque. C'est une façon d'apaiser les affres du remords, de calmer une conscience souillée. Alors que nous regagnons notre réalité physique, les spectacles auxquels nous fûmes soumis se désintègrent et s'éparpillent comme des nuages par une journée venteuse.

J'étais encore dans un état de langueur assoupissant lorsque le passé creva comme un abcès purulent, régurgitant ses excrétions odieuses et évoquant avec elles des avant-goûts d'un avenir qui peut être à la fois inféré et reconnu avec angoisse parce qu'il est la copie carbone de toutes les étapes du temps écoulé. C'est au cours de cet entracte temporel qu'une scène de chaos, de folie et de désespoir dont je savais qu'elle durerait sans répit jusqu'à la fin des jours défila devant moi en commençant par ma naissance. Infiniment plus prosaïque, cet événement aura lieu dans une clinique privée du 16ème arrondissement où les femmes chics avaient leurs bébés ou les avortaient selon leurs caprices. Mon parrain, un anesthésiste amateur du Marquis de Sade et des cochonneries d'Apollinaire, et mon père, étaient là pour témoigner d'un accouchement qui faillit tuer ma mère. Femme diminutive et délicate, elle supportera avec stoïcisme les avilissements de la guerre et les agonies d'une santé précaire. Je n'aurais pas survécu si je n'avais pas reçu une raclée maison compliments de l'obstétricien de service. Ce sera ma première et dernière fessée. Une grossesse difficile et un accouchement presque fatal convaincront mes parents de ne plus avoir d'enfants, tout au moins pour l'instant. L'Histoire prouvera la sagesse de cette discrétion quand, trois ans plus tard, la France capitulera aux hordes allemandes.

Je revécu l'occupation, l'arrestation de mon père par la Gestapo française et son évasion miraculeuse, une épopée qui nous épargnera la déportation vers les camps de concentration nazis où toute sa famille périra. J'ai ensuite entraperçu un monde, une masse, un agrégat amorphe de chair et d'os et de nerfs et de tendons barbotant à travers les horreurs et les extases d'une existence brute alors que cet amas s'acheminait, s'enchevêtrait et s'immisçait—les héros et les scélérats, les poltrons et les paladins, les menteurs et les dénonciateurs, les hommes de « Dieu » lascifs et les aristocrates collaborateurs, les guerriers et les pacifistes, les marchands d'armes et les usuriers, les politiciens et les citoyens qu'ils dupent, les légistes et les intérêts privés auxquels ils sont endettés. Ce que j'observerai en une nanoseconde de lucidité atroce furent les flashbacks d'une chorégraphie rituelle insensée, souvent démente, suivie de moments d'inertie au cours desquels des millions d'êtres humains seront sacrifiés : Cain tue son frère Abel. Juifs, Musulmans et Cathares sont massacrés par des pillards obéissant un décret pontifical, d'autres partageront leur sort durant la « Sainte » Inquisition. Les Amérindiens sont liquidés par des hommes barbus brandissant un crucifix d'une main, l'épée de l'autre. La traite négrière, qui débutera en août 1619 lorsque 30 à 40 hommes et femmes africains enchaînés, affaiblis par la maladie et un long voyage en mer, seront vendus et condamnés à une vie de labeur sans fin, d'abus et de mort prématurée, une monstruosité qui alimenta l'économie des États-Unis pendant 250 ans. Guerres de conquête seront suivies par des guerres de « libération ; » de « religion, » de « démocratisation. » Ce ne sera qu'un prélude. Tiraillées entre la réalité et l'idéalisation, entre le cynisme et l'espoir fictif, piégées dans des états alternes d'ennui et de frénésie, les âmes sans nom et sans visage se laisseront vivre dans une vie où chaque scène est un conflit entre le bien et le mal, entre la rivalité et l'harmonie, la trahison et la loyauté, la malhonnêteté et la droiture, la tyrannie et l'émancipation, la haine et l'amour, la vie et la mort — un cinéma vérité dans lequel sont projetés le sombre caractère de la gouvernance, la fourberie des politiciens et la duplicité de la religion. Ces visions, à la fois émouvantes et obscènes, défileront devant mes yeux longtemps après les avoir rouverts. Elles rejoindront enfin le monde de folie et d'incongruité dans lequel je suis né, un monde que même les cauchemars ne peuvent imaginer ou reproduire. C'est pour cela que je ne lis plus de romans.

◆

Alors qu'il desserra son étreinte et avant de se retirer dans les ombres spectrales où sa mère, la Nuit, habite, Morphée effleura mon oreille et chuchota :

— Dans mes bras, les hommes rêvent. C'est quand je les libère qu'ils hallucinent, que leurs convoitises, leurs phobies et leurs obsessions s'épanouissent. Il faut croire que certains vivent des vies exemplaires non pas parce qu'ils sont vertueux, mais parce qu'ils manquent le courage, l'occasion ou la faculté de se déshonorer. L'homme repentant est plus honorable que l'homme qui n'a jamais péché. Hélas, les deux sont très rares. Toi, en revanche, tu es allé au-delà des rêves. Tu as navigué les mers houleuses qui séparent le fantasme de la réalité perçue ; et tu nous as régalé avec tes émissions nocturnes irrévérencieuses. N'as-tu pas affirmé — et je cite :

Le statu quo est un cauchemar perpétuel dont nous devons nous réveiller, sinon il éteindra nos rêves. Nous continuons à nous regarder dans le vide sans fin du cosmos et à ne trouver que des milliards de sépulcres dans lesquels nos fantasmes sont ensevelis.

Il n'y a personne au-delà de cette Terre. L'humanité est une excentricité biologique unique et irremplaçable vouée à s'interroger sur l'énigme de son existence absurde. La mission des hommes sains d'esprit n'est pas de s'accrocher aux étoiles, mais de se réformer, d'armer les impuissants, d'écraser les puissants et d'agiter, d'agiter, d'agiter. La révolution ne peut se produire sans une révolution.

Je me souviens avoir félicité Morphée pour sa bonne mémoire.

—Voici mon défi et ma promesse, ajouta Morphée. Réveille-toi et dirige-toi vers les profondeurs stygiennes où les rêves naissent. Rappelle-nous encore les paradoxes, les aberrations, les tromperies et les infamies qui définissent l'homme et caractérisent la condition humaine. Et j'accorderai aux innocents et aux justes l'ataraxie qu'ils méritent. C'est ce que nous, les Grecs de l'Antiquité, appelons la paix intérieure éternelle : la faculté de s'élever au-dessus de la peur, de la colère, de la tristesse et des discordes qui nous affligent en dehors du rêve.

LE JOURNALISME :
À LA CROISÉE DES CHEMINS

L e journalisme est la première ébauche du drame humain, que ce soit sur la page imprimée ou sur les grandes ondes. Livrés « tels quels, » les faits devraient empêcher les révisionnistes de falsifier la vérité. Hélas, les faits sont devenus calomnie, la vérité un affront, la presse l'ennemi du people. Ceux qui ne prêtent serment qu'à la vérité se sentent isolés, marginalisés. Le prix d'une telle droiture est souvent très élevé et ceux qui sont prêts à s'en acquitter, ceux qui parlent pour les sans-voix, ne manquent pas d'ennemis. Si nos exposés sont trop graphiques, irrévérencieux ou trop inquiétants, on nous accuse de donner inutilement des palpitations à notre public. Peu importe le sujet, nous sommes sûrs d'être vilipendés par quelqu'un en cours de route Cela expliquerait pourquoi certains journalistes se laissent traîner dans le fumier de l'autocensure.

Certes, les lecteurs ne sont pas tous d'un même esprit. Ils représentent une riche panoplie de croyances, d'opinions et de préjugés. Heureusement, la plupart veulent être informés et possèdent une certaine élasticité mentale qui leur permet de juger les reportages ou les articles d'opinion à leurs propres mérites. C'est à eux que les journalistes scrupuleux consacrent leurs rubriques. Certains lecteurs, impatients ou inattentifs, ont tendance à décontextualiser les faits. Ils se méprennent. Ils découvrent des cabbales dans la syntaxe. Ils scrutent et dissèquent chaque énoncé comme s'il cachait un message subversif. Ils se fixent sur un seul point et refusent de voir le reste. Ils cherchent midi à quatorze heures. Ils sont tellement ébranlés par les vérités que la presse vient de leur apprendre qu'ils veulent qu'on la supprime ... avec ceux qui les ont mises à jour. Il n'est donc pas surprenant que certains médias et réseaux sociaux, pour survivre, tournent autour du pot et évitent les questions urgentes. Tous les journalistes ne se précipitent pas là où les anges n'osent pas s'aventurer. Certains sont intimidés par la vérité. D'autres veulent simplement éviter le chômage ou les calomnies.

Les partisans de ce qu'on dénomme « politiquement correct » (le sacrifice de la vérité sur l'autel de l'hypocrisie) veulent rendre les lecteurs, les téléspectateurs et surtout les annonceurs heureux. Contrairement au scandale ouvert qui culmine dans une orgie de dénonciations et de vitriol, et puis meurt, l'autocensure laisse une trace de spéculations et un parfum de pourriture. Pour les journalistes indépendants (une race à part notoire pour son irrévérence et sa persévérance) le silence est un vagissement éloquent. Le silence est un scoop, m'enseignera-t-on à l'école de journalisme, le silence est une preuve de collusion, ou pire : Quand vous n'entendez que le silence de l'obscurantisme—l'artifice par lequel la diffusion des connaissances est freinée—

vous avez une dissimulation. Votre devoir est d'exhumer et d'exhiber le corpus delicto. C'est déjà assez grave quand les gouvernements se cachent derrière un mur de secrets et de mensonges ; c'est pire quand certains membres du Quatrième Pouvoir — la conscience d'une société libre — subornent d'une manière moutonnière leur mission et conspirent, moyennant l'artifice de la désinformation, à maintenir le public dans le brouillard de l'ignorance. C'est le comble de l'obscénité lorsque les gouvernements exhortent les médias à « regarder ailleurs » et menacent de bâillonner les journalistes s'ils refusent. Malgré les opinions contraires, les journalistes ne sont pas payés pour résoudre les problèmes qu'ils citent. Notre travail consiste à dépister, étudier et informer. Les solutions ne peuvent être extraites que des problèmes eux-mêmes. C'est à ceux qui les créent de les dénouer.

Ce qui ressort des railleries de certains critiques, c'est le reproche exaspérant selon lequel mettre à nu des vérités irréfutables est un acte de trahison. Une presse libre et indépendante est le fondement de la démocratie. La critique analytique n'est pas antipatriotique. C'est un droit fondamental, un devoir et un exercice de citoyenneté rationnelle. Le silence est le vrai malveillant et ceux qui se taisent sont les vrais traîtres, les pourvoyeurs de fausses nouvelles, les ennemis du peuple.

« L'ensemble de l'Histoire du monde, » dira Hermann Hesse (1877-1962) « me parait n'être qu'un livre d'images qui dépeint le désir le plus puissant et le plus insensé de l'humanité ... le désir d'oublier. » Le journalisme intègre s'efforce d'aiguiser sa mémoire et de raffermir sa volonté.

CONCEPTION INTELLIGENTE : PRODUIT DÉFECTUEUX

Incapable de soutenir leurs croyances avec des preuves empiriques, les antidarwinistes s'obstinent à injecter le créationnisme dans la psyché collective de la société. Ils ont depuis concocté un nouveau slogan— « Conception Intelligente (CI) »—l'assertion invérifiable que l'univers, les êtres vivants qui l'habitent et les bouleversements qu'ils endurent sont l'ouvrage d'un noumène omniscient et omnipotent, bien que paranormal, et non pas un processus à main levée tel que la sélection naturelle (l'évolution) et les effets fortuits de la coïncidence et de l'imprévisibilité.

En public, les défenseurs de la CI affirment qu'ils cherchent des preuves d'un dessein conscient dans la nature, sans pour cela tenir compte de l'identité du « concepteur. » En privé, cependant, ils insistent sans ambiguïté sur l'idée que le concepteur est le « Dieu » Chrétien. [Notez l'accent sur Chrétien]. Oubliez le YAHWEH que les Juifs ont inventé près de six mille ans avant l'ère chrétienne et la divinité judéo-chrétienne que les Musulmans ont adoptée et rebaptisée Allah au 6ème siècle]. Poussée à ses extrêmes incongrus, la CI pourrait un jour être appelée à ergoter sur les choses qui tombent de haut en bas non pas parce que la gravité agit sur elles, mais parce qu'une intelligence supérieure les pousse consciemment et délibérément à chuter. Les avions tombent du ciel, diront-ils, les bâtiments s'affalent et les empires s'effondrent parce que ces événements sont prédestinés par une force impénétrable. Ils manquent de souplesse intellectuelle pour concéder que la technologie ne peut exister sans risque d'accidents : l'invention de la locomotive contenait également l'invention du déraillement, l'avion d'une défaillance mécanique ou humaine, le marché boursier — d'un krach. Les plus vils parmi eux prétendront que ces malheurs sont en fait le résultat d'une vengeance divine. Un large éventail de phénomènes sont attribués à la CI : les guerres menées au nom de « Dieu, » la faim, les maladies, les tremblements de terre, les cyclones et les tsunamis.

On définit l'intelligence comme « l'ensemble des processus retrouvés dans des systèmes, plus ou moins complexes, vivants ou non, qui permettent de comprendre, d'apprendre ou de s'adapter à des situations nouvelles. » Donc une acuité mentale, l'emploi habile de la raison et l'application de la connaissance, ainsi que la faculté de penser d'une manière abstraite (y compris la capacité d'envisager les conséquences de ses actes). La CI présuppose deux attributs réciproques : l'existence d'un créateur doué (mais inconnaissable) et d'un plan exceptionnel à partir duquel un prototype utile et efficace peut être rendu. Une telle prémisse évoque inévitablement des questions auxquelles, jusqu'à présent, la CI n'a pas pu ou voulu répondre. En outre, si le *déisme*, le juste milieu entre le doute et l'athéisme prétend que « Dieu » existe en tant que Première Cause spontanée et qu'il est le Grand Architecte de l'Univers — mais n'intervient pas dans les affaires des hommes ... à quoi sert-il ? On peut toujours ergoter : « Dieu » est en dehors de toute expérience humaine. Son existence n'est pas évidente ; elle doit être démontrée. Ainsi se pose le problème de son existence abstraite, un dilemme qui se trouve au sommet de l'effort philosophique et dont la solution a une incidence directe sur le sens et le but de la vie. Les croyants insistent : Si « Dieu » n'existe pas, alors l'homme devient sa propre loi et la norme de ses propres actes ; mais s'il existe, l'homme doit reconnaître sa dépendance essentielle à l'égard d'un créateur, qui est aussi son conservateur, son législateur et son juge, et devant lequel il est responsable de tous ses actes. Son avènement, certains affirment sans aller plus loin, était *prima facie,* évident et primordial, ergo « Dieu » s'est extériorisé afin d'assouvir le besoin des hommes de combler un vide. « Je crois en Dieu, » raisonna un ami, « donc, il existe. » Comme c'est pratique !

◆

De quelle intelligence est dotée une créature qui tue pour le plaisir et se reproduit sans vergogne ? Quelle acuité mentale peuvent prétendre des êtres corruptibles qui s'amarrent à des doctrines rivales, inflexibles et absurdes ? Quel bon sens est en jeu chez des mortels empoisonnés par la ladrerie et adonnés à la violence ? Pourquoi souffrons-nous ? Pourquoi sommes-nous sans défense contre les cataclysmes naturels qui, selon la CI, sont déclenchés contre nous pour des « raisons mystérieuses » par une force surnaturelle capricieuse et méconnaissable qui ne nous doit aucune explication ? Quel degré d'intellect peut-on attribuer à un « créateur » qui inflige ou tolère des atrocités pour « le bien qui en vient ? » Quel inventeur roublard et irréductible orchestre sans but apparent—ou ferme les yeux—sur les paroxysmes qui convulsent son royaume ? Quel raisonnement abstrait inspire un « tout-puissant » qui reste impassible devant le chagrin et la souffrance éternelle des hommes et des bêtes ? Comment justifier une telle apathie ?

Quelle sapience supérieure s'octroie toutes les vertus et se prétend posséder des doses égales de bienveillance et de rancune, de munificence et de cruauté, de génie et de folie, selon les circonstances ? Quel auteur habile s'arme d'un ego et se proclame parfait et infaillible alors que nos sanglots ne sont jamais entendus, alors que nous pleurons et souffrons et mourrons oubliés sous le prétexte farfelu que la souffrance est la voie du salut ? De quelle entité suprême s'agit-il, dont l'oreille est inattentive et dont le sein est infidèle aux foules qui l'interpellent et implorent son secours ?

Quel alpha et oméga inflige des fléaux qui menacent et annihilent son chef-d'œuvre ? Quel despote cruel et invisible décrète que ses sujets prononceront des paroles qui ne sont pas les leurs, qu'ils obéiront aveuglément aux injonctions de ses délégués terrestres, qu'ils trembleront devant eux, qu'ils réciteront des oraisons de reconnaissance et de vénération toutes répétées *ad nauseam*, jour après jour à un « Dieu » qui ne montre jamais son visage, ne met jamais son âme à nu, ne verse jamais une larme, ne dit jamais pardon, un

« Dieu » qui accorde la vie et, avec elle, la peur de mourir? Un « Dieu » devant lequel certains se prosternent et qui les contemple d'un visage de pierre et d'une oreille sourde à leurs cris les plus déchirants ? La CI est un stratagème farceur, une extorsion psychologique concoctée par des hypocrites et des charlatans qui ravissent et exploitent les malheureux et les subvertissent avec des mensonges que seule une croyance aveugle peut justifier.

Quant à moi, je ne suis jamais plus sûr de mes origines que lorsque je fixe de mon regard celui de nos ancêtres et cousins-germains, les grands singes. Je reconnais dans leurs yeux à la fois curieux et méfiants une innocence—perdue depuis longtemps—dans cette genèse et évolution toujours en cours. C'est quand je m'examine et que j'observe mon espère, l'Homo sapiens, que je m'inquiète de l'avenir de la race humaine. Il s'agit d'un produit défectueux qui ne peut jamais être retiré ou réparé mais dont la nature se revanchera.

♦

On trouve beaucoup de belles choses dans la Bible, quelques brins d'Histoire vérifiables, des commentaires souvent narquois sur l'état d'esprit des hommes de l'Antiquité, des conseils pratiques et des tonnes de bêtises conçues pour robotiser les croyants, les paralyser intellectuellement. Plus il y a d'absurdités et de théâtralité, plus on y croit. L'homme n'est pas influencé par les faits. Il préfère l'histrionisme, les gestes, le grand guignol. Il m'a toujours semblé que les hommes préfèrent être gouvernés par des monstres que par des anges. J'ai aussi souvent proposé qu'ils préfèrent les contes de fées à la vérité, la religion à la science, l'apathie à l'action. Quand les hommes ont besoin de croire en quelque chose, leur cerveau tombe en panne.

◆

C'est Sigmund Freud qui a postulé la théorie maintenant largement acceptée selon laquelle nous sommes le produit de notre subconscient. Mais il a pris soin d'ajouter que le « subconscient » n'est pas une entité amorphe et indélébile ; il est le produit d'innombrables dynamiques, dont la moindre est génétique. Notre subconscient est façonné et souvent perverti par des expériences de la petite enfance, certaines traumatisantes, et par un lavage de cerveau (l'ensemencement d'idées immuables) par les parents, les enseignants, le clergé et d'autres individus auxquels on accorde un certain degré d'autorité. Personne n'est « né » croyant ou athée. Personne ne jaillit de l'utérus socialiste ou conservateur. Les tueurs en série et les bons samaritains sont façonnés, pas engendrés. Le subconscient peut être manipulé et la religion est le grand-maitre manipulateur qui charme le troupeau avec des mascarades qui tiennent du paganisme et de l'idolâtrie (adoration des statues) du vampirisme et du cannibalisme (communion) et qui mène à une descente dans la psychose terminale (la croyance à la vie après la mort). Toutes les religions monothéistes sont intrinsèquement violentes. Ni le Judaïsme ni l'Islam ne sont à l'abri de la critique. Les lois exigeant l'éradication du « mal, » parfois par des moyens violents, existent dans la tradition Juive. YAHWEH est un « Dieu » jaloux, cruel et rancunier. Allah « le Miséricordieux », lui aussi, est redoutable, strict et souvent furieux. La loi Islamique dominante est truffée d'appels à la violence, défensive ou offensive, y compris le recours à l'agression au sein de la famille, à la peine corporelle et à la peine de mort.

Dans la philosophie de la religion, le rasoir de parcimonie d'Ockham est parfois appliqué pour argumenter l'existence ou l'inexistence de « Dieu ». Bien qu'Ockham ne tente pas de la réfuter, il offre un argument convaincant selon lequel, en l'absence de raisons convaincantes, l'incrédulité est préférable. Je ne suis pas d'accord avec ceux qui suggèrent que le rasoir d'Ockham mélange les torchons et les serviettes. Bien au contraire, il illustre avec une clarté aveuglante qu'un manque de croyance ne peut être codifié. Il n'y a pas d'athées orthodoxes, conservateurs ou réformistes. Les athées n'ont pas de « livre saint, » de catéchisme ou de psautier. Nous parlons tous d'une seule voix, celle de la raison. Aucun schisme ne peut nous séparer. Alors que les religieux s'obstinent à convaincre les autres de la validité (et de l'origine divine) de leurs croyances, nous n'éprouvons nul besoin de défendre notre irréligion. Un athée se contente de ne pas croire ; un croyant se sent obligé de « partager » sinon d'imposer ses convictions afin de valider sa foi en déjouant l'incertitude omniprésente qui obsède tous les croyants.

La religion, de nature utopique, s'accroche aux

fictions qui n'existent pas dans le vide absolu de la pensée pure ; elles doivent être « plantées » dans l'esprit afin qu'elles puissent aboutir à certains faits accomplis—« Dieu » est la source de toute essence et réalité ; Jésus était le fils de « Dieu ; » il est né d'une vierge ; il est mort et s'envola vers les voutes célestes (comme je le fais dans mes rêves) ; il fut « ressuscité ; » et sa mort et sa renaissance ouvrent un portail vers la vie éternelle. Quel qu'il fut, homme ou mythe, Jésus s'opposait au despotisme religieux. Il abhorrait le panachage de la politique et du culte, et méprisait les fanfaronnades des croyants.

L'athéisme met en garde contre la circularité des idées fixes et les croyances absurdes de la religion. Il ne croit ni à l'enfer ni à la damnation éternelle. Il n'offre pas d'indulgences ou d'immunité contre le péché en échange de pots-de-vin. Il n'a pas de pontife ou d'église dans laquelle des « princes » vêtus de pourpre vivent dans une somptuosité babylonienne. Il ne fait pas la quête, ne donne pas de sermons, ne fulmine pas en prédisant le feu et le soufre et les bouleversements. Il ne met pas en garde contre les agonies éternelles et ne promet pas la vie après la mort. Les athées ne brûlent pas les livres. Ils n'ont pas d'index d'œuvres interdites. Ils n'ont pas besoin d'une Congrégation pour la Doctrine de la Foi [anciennement connue sous le nom de Saint-Office de l'Inquisition) qui, par son existence même, démontre la fragilité périlleuse de la croyance. Enfin, les athées, rarement spontanément mais suivant des moments d'introspection concluent qu'il n'y a pas de « Dieu » et que, par conséquent, les êtres humains ne

sont ni créés ni imprégnés de ce qui pourrait être un
« plan » et qu'ils n'ont pas la moindre idée de ce qui les
attend, ni avant leur naissance ni après. L'athéisme est
simple, clair et direct.

◆

La religion n'est pas innée ou intuitive. Un toxicomane
a besoin de sa dose de schnouf parce qu'il s'est déjà
livré à des drogues addictives. Un ivrogne a acheté sa
maladie dans un magasin de boissons alcoolisées ; il
n'est pas né buveur. On « n'obtient » la religion que par
une osmose subtile et progressive. Je dirai que ceux qui
ne sont jamais exposés à la religion n'auront pas
soudainement envie de se prosterner et d'adopter des
croyances absurdes sans l'intervention d'un laveur de
cerveau puissant et convaincant … ou d'une psychose
soudaine. La religion a peut-être « apprivoisé » un
grand nombre de personnes, mais elle a également
empoisonné l'âme d'une multitude d'initiés dont les
croyances mèneront souvent à l'intolérance et
l'inhumanité. La religion est une forme de démence à
laquelle on capitule bien trop aisément.

◆

Nous sommes tous nés *tabula rasa*. Seuls l'éducation
parentale et les contraintes sociales nous transforment
en facsimilés à l'emporte-pièce de nos réformateurs.
Nous sommes tous dotés au début d'un cerveau
capable de discerner la vérité, mais bientôt si gravement
mutilés par l'encodage et les ritournelles que nous
succombons à un réflexe rituel et synchrone qui, on
veut nous faire croire, nous perfectionne et est

bénéfique à la « société. » Oui, nous sommes le produit d'éons de fusion. Mais la « fusion » n'implique que l'amalgame et le compactage d'éléments disparates. Les parties individuelles de l'homme sont infiniment plus grandes et plus complexes que son ensemble, et ce sont ces particularités qui séparent les génies des idiots, les assassins des humanitaristes, les créateurs des parasites sociaux, les aventuriers et les dynamos humaines des pantouflards et les parents affectueux des monstres infanticides.

G. K. Chesterton (1874-1936), poète, écrivain, philosophe, théologien laïc et antisémite enragé anglais, avait tort. Les hérétiques ne sont pas « ceux qui se vantent de leur supériorité par rapport aux vues conventionnelles. » Ce sont des libres-penseurs qui sont prêts à remettre en question les doctrines convenues et les édits fondés sur la foi, et qui ont le courage moral d'examiner la validité de leurs propres croyances. La pire chose que nous puissions faire est de répandre nos propres superficialités. L'ignorance, dont la connaissance oisive est un aspect, est la cause profonde des mésententes entre les hommes. Nous devrions tous nous intéresser davantage à la vérité, surtout aux vérités inopportunes.

LE VOYAGE DES DAMNÉS

Chaque année, au mois de février, mes rêves se tournent vers un événement oublié, la genèse de deux cas inexplicables d'homicides prémédités. Les deux seront éclipsés par les convulsions d'un monde en guerre, ensuite banalisés par le passage du temps et l'apathie générale.

Le 12 décembre 1941, fuyant les pogroms nazis, 778 Juifs roumains et russes s'embarquèrent dans le port de Constantza, sur la mer Noire, à bord d'un petit navire délabré à destination de la Palestine alors contrôlée par la Grande Bretagne. Sous le commandement d'un capitaine bulgare et arborant le pavillon Panaméen, le navire s'appelait le Struma. La traversée avait été encouragée par le dictateur fasciste roumain (plus tard exécuté pour crimes de guerre) Ion Antonescu (1882-1946). Soucieux de débarrasser son pays des « *jidan,* » comme les Juifs sont encore péjorativement apostrophés en Roumanie, Antonescu savourait les séquelles de sa « bienveillance. » Les passagers, qui avaient chacun payé à l'époque mille dollars pour effectuer le voyage, avaient été cependant tenus à l'écart du quai où le Struma était amarré. Lorsqu'ils montèrent à bord, ils découvrirent un vieux rafiot puant. Les dortoirs étaient sales et étouffants. Le vaisseau ne disposait que de deux canots de sauvetage. Pire, le moteur était en panne. Il avait été récupéré d'une épave draguée au fond du Danube et monté en hâte dans la salle des machines du Struma.

À la dérive pendant trois jours, le navire fut remorqué jusqu'à Istanbul où il resta à l'ancre pendant que des « négociations secrètes » se tenaient sur le sort de son fret humain. Avec des réserves de nourriture et d'eau en diminution, et faute d'installations sanitaires adéquates, les conditions sur le Struma, devinrent intenables.

À la suite de troubles violents en Palestine, alors qu'elle collaborait avec le Troisième Reich, le gouvernement britannique bloqua l'immigration Juive et exigea que les autorités turques empêchent le Struma d'atteindre sa destination prévue. Les Turcs ont obtempéré en ralentissant les réparations des moteurs et en interdisant aux passagers de débarquer ou de rester en Turquie. Dans la soirée du 23 février 1942, après 70 jours en mer, la police turque saisi le contrôle du navire endommagé et le remorqua à travers le Bosphore et en pleine mer où, à la dérive, il fut emporté par les courants.

À l'aube, une seule torpille lancée depuis un sous-marin russe déchira la coque du Struma, le tranchant en deux. Un câble jubilatoire envoyé par le « commandant et sous-officiers » reporta que le sous-marin SC-213 avait intercepté un navire ennemi non protégé, le Struma. « Notre équipage fit preuve de courage et le navire fut 'neutralisé' à une distance de 1 118 mètres et coulé. » Ce jour-là, 103 enfants, 269 femmes et 406 hommes moururent, dont deux membres de ma famille. Les autorités turques refusèrent de mener des opérations de sauvetage pendant plus de vingt-quatre heures. Le seul survivant, David Stoliar, s'éteignit le 1er mai 2014 aux États-Unis. Il avait 91 ans.

Avant l'aube, le 5 août 1944, naviguant sous les drapeaux turcs et celui de la Croix-Rouge, le Mefkura, une goélette à coque en bois affrété pour transporter des réfugiés roumains à Istanbul, fut interpellé en pleine nuit par les fusées éclairantes d'un navire inconnu. Le Mefkura ne répondit pas et garda le cap. Violement secoué par une conflagration, il coula bientôt Seuls cinq des 350 passagers survivront. Comme le Struma, le Mefkura, apprendra-t-on plus tard, avait été torpillé par un sous-marin soviétique.

◆

Aux heures de grande écoute, les spectacles de l'inhumanité de l'homme envers l'homme ne mentent pas. Notre monde, l'Histoire et les nouvelles du soir nous rappellent, est un égout dans lequel nous pataugeons jusqu'au nombril dans le sang des martyrs. Réunis autour de la table pendant le diner, nous les regardons souffrir, mourir ou disparaître comme des fantômes. Nous exprimons notre dégoût et tristesse en secouant la tête. Mais le spectacle continue. Notre psyché fragile et surtaxé nous oblige d'oublier un flot sans fin d'atrocités: L'extermination systématique des Amérindiens, les holocaustes arméniens et Juifs, le Biafra, le carnage intertribal Hutu-Tutsi, le bain de sang au Chiapas, au Mexique et dans les hauts plateaux guatémaltèques, la Bosnie, les effusions de sang qui continuent d'envenimer les relations entre Israéliens et Palestiniens, le Soudan, l'Irak, l'Afghanistan, et l'assassinat insensé d'enfants des rues en Amérique centrale par des agents de l'État entrainés par les États-Unis et armés par l'Israël..

Les catastrophes naturelles nous choquent et nous devenons conscients de notre propre mortalité. Les scènes que nous rejouons dans notre esprit sont ravitaillées par un flot incessant de scènes déchirantes qui éclaboussent nos chaines de télévision. Puis la fatigue s'installe — l'épuisement émotionnel — et nous nous lassons du spectacle qui nous avait envoûté et angoissé pendant quelques instants. La distance, les différences raciales et les incongruités culturelles contribuent toutes à intellectualiser l'agonie des autres. Nous la supportons en purgeant nos âmes après chaque infamie. « On ne peut pas changer la nature humaine, » pontifions-nous en prenant le dessert. À la rigueur, un feuilleton stupide nous mettra à l'aise. Nous survivons la vérité en regardant ailleurs.

ABATTONS LE MESSAGER

Dans son contexte moderne, la fameuse épigramme, « Personne n'aime le porteur de mauvaises nouvelles, » proférée dans Antigone, une pièce de Sophocle (496-405 av. J-C.), insinue que les journalistes et les lanceurs d'alerte sont sacrifiables. On nous considère arrogants, insensibles et vexants. Nos révélations frôlent l'insoumission. Le journaliste déterre la vérité dans l'intérêt de l'Histoire. L'ayant trouvée le dénonciateur la répand au service de la justice. Les deux font partie d'un rouage essentiel qui dynamise et protège les sociétés libres. Ils deviennent indispensables lorsque la démocratie est banalisée et menacée par la myopie opiniâtre du public et par une diète de mensonges officiels. Que faire de la lâcheté, de la perfidie d'une audience qui préfère garder le silence — par peur, opportunisme, paresse idéologique — alors qu'elle est menée à peindre les membres de la presse comme des taons, des fouilles-merde, des affairistes, des pourvoyeurs de fausses nouvelles, des propagateurs de mécontentement social, des ennemis du peuple qui menacent le bien-être et « l'ordre public » ?

Les taons, les déterreurs de scandales ont un avantage frappant. À l'inverse des fabricants de mythes et des porteurs de bonnes nouvelles, ils font du bruit. C'est pourquoi le journalisme est une occupation dangereuse. Pendant des années, j'étais convaincu que le seul moyen de pécher par excès de zèle était de me ranger infailliblement du côté des victimes de l'injustice — les vaincus, les persécutés, les oubliés, les rêveurs convaincus. Derrière les murs d'une prison. Dans les fosses communes creusées en hâte. Partout où les voix des dissidents sont étouffées alors que les chicanes politiques, la xénophobie, le racisme, les pogroms, la torture, la guerre et les ethnocides s'ingéraient dans une tempête incessante de souffrance.

Dire des vérités gênantes est plein de risques, même lorsqu'elles sont formulées dans le langage des rêves. Je sais. J'ai passé quelque temps dans les tranchées alors que des balles sifflaient autour de moi. J'ai été éraflé à plusieurs reprises. Si mes réflexes m'avaient trahi lorsque je parlais de corruption politique, de brutalité policière et de crimes militaires, vous ne seriez pas en train de me lire. Tout un tas de vérités méritent d'être déterrées, révélées, disséquées. Hélas, les mots vivotent brièvement dans le domaine bidimensionnel d'un livre ou d'un article d'opinion, mais ils ne parviennent pas toujours à inciter des renaissances décisives. Ils faiblissent, deviennent fades et se perdent dans un terrain vague de rhétorique qui ne fait rien pour modifier la nature humaine, pour refroidir les passions et freiner la haine. Certaines horreurs sont tout simplement trop choquantes pour les mots. On parle de la banalité du mal ; on s'habitue à la platitude des mots. La vérité mérite-t-elle la discorde qu'elle inspire ? J'ai du mal à répondre à cette question. J'en pose d'autres et j'envisage le jour où ma plume s'asséchera dans une rivière d'encre dont le cours sera détourné par le mégalomane que vous aurez élu. Écoutez-moi bien : Ce jour est proche. Les vannes de la folie sont maintenant grandes ouvertes.

LA VÉRITÉ PURE ET SIMPLE

J'ai entamé ce récit en professant un attrait précoce pour la vérité. J'ai par la suite exprimé ma conviction que la vérité (le genre gênant et non négociable dont dépendent la liberté et la justice), doit être farouchement traquée et exposée — quelles que soient les conséquences. Diluée par des raisonnements spécieux, minée par des convictions saugrenues mais vénérées ou contrefaite par la désinformation, la vérité est un artefact fragile. Oui, la mettre à nu est un défi, la reconnaître sans hésitation traumatise ceux qui s'habituent aux mythes. Vu le caractère asymétrique de la vérité, de sa nature transitoire, arbitraire et idiosyncratique, vouloir en distiller une réalité inaliénable est une chasse au dahu ; elle est perdue d'avance. Il y a plus de vérités qu'il n'y a de mensonges, la majorité non moins sournoises que les facéties auxquelles elles font concurrence. Entre elles :

La vérité *virtuelle*, comme le tourisme virtuel ou les rapports sexuels virtuels, est une incongruité. Une vérité *implicite*, souvent un mensonge oblique et l'outil des politiciens, est fondée sur l'inférence, et adroitement manipulée pour vendre des mensonges appétissants. Une vérité *présomptive* est comme un mirage ; elle éblouit ceux qui se perdent dans un désert et se dirigent vers une oasis fictive. Une vérité *subjective* est ce qui est vrai relativement à son expérience personnelle du monde. Elle crédibilise la proposition que la réalité n'est que ce que le *soi* perçoit. L'ignorance enfante des vérités *relatives* ou des demi-vérités. Ce sont des conjectures teintées de rose livrées de manière à obscurcir toute la vérité. Les politiciens et les stratèges militaires sont des pourvoyeurs notoires de *demi-vérités*. Sans preuves empiriques, une vérité *potentielle* n'est qu'une hypothèse. Existant au-delà des facultés humaines, les vérités *inimaginables*, les fantasmes sur lesquels reposent les doctrines religieuses, ne peuvent jamais être sondés parce qu'elles obscurcissent les vérités intolérables. Les vérités de l'Évangile reposent sur une foi aveugle, non pas sur des faits démontrables, et les « bonnes nouvelles » qu'il prétend répandre est mensongère.

La seule vérité qui compte est la vérité pure et simple celle qui, étayée par son irréfutable conformité aux faits, ne peut être contestée : deux plus deux égalent quatre ; l'eau est composée de deux parties d'hydrogène, et d'une partie d'oxygène ; la Terre tourne autour du Soleil (et non pas le contraire). La vérité est le fléau des doctrinaires ; ils s'efforcent de la corrompre, à la réfuter, la déformer. C'est la plus nuisible de toutes les vérités parce que c'est la vérité que les hommes craignent le plus. La réalité est souvent insupportable. Elle détruit les cocons idéologiques dans lesquels ils se réfugient. La nature humaine dénature la vérité. Elle s'oppose à l'harmonie entre les espèces.

◆

J'ai ensuite suggéré que nous ne sommes jamais aussi libres de contempler la vérité—et de lui rendre honneur—que lorsque nous rêvons ; que le rêve est la manifestation la plus pure d'une liberté intérieure qui mène à la justice, à l'amour et la miséricorde, à la sagesse et aux grandes lumières, et non pas à une corne d'abondance débordant de délices matériels. Vivre n'est pas se prélasser dans le triomphalisme, savourer le confort et se vautrer dans le plaisir, mais reconnaître que tous les êtres vivants sont irremplaçables, qu'ils ont des droits intrinsèques qui ne peuvent être abrogés. Cette éthique est absente dans les platitudes apaisantes de la religion, les abstractions vertigineuses de la métaphysique ou les absurdités réactionnaires du néolibéralisme. La vie est une répétition, pas une improvisation. J'ai aussi proposé qu'une fois réalisés, nos rêves nous permettront de ne pas languir dans nos souvenirs, de ne pas nous précipiter vers l'avenir, mais de nous ancrer dans notre conscience de nous-mêmes — ici, maintenant. J'ai finalement dressé la liste d'un certain nombre d'obstacles — de maux (la liste est loin d'être complète) — qui doivent être surmontés afin de libérer le monde de la servitude et de l'ignorance, de ses préjugés et de ses haines, de la pauvreté et de la faim, de la cupidité et de la corruption, de la cruauté et de la guerre. Il faudrait un autre livre, bien plus ambitieux que ce maigre volume pour cataloguer les mensonges et les barbaries qui nous guettent. L'avenir est imprévisible. Son imprévisibilité a depuis acquis un caractère apocalyptique. Une culture omniprésente de peur menace les rêveurs, sapant leur capacité de rêver librement. Il est devenu dangereux de rêver parce que cela implique se poser des questions gênantes qui conduisent à des réponses sans ambiguïté et exigent des solutions douloureuses :

Imaginez une société où les intérêts commerciaux ne peuvent nuire les citoyens, où les manigances des institutions financières et des entités religieuses qui dupent le corps politique ne sont pas tolérés. Songez à une société qui abolit les lois qui encouragent la dégradation de l'environnement. Imaginez une culture qui renverse le cercle vicieux de la richesse et du pouvoir et qui met les plus vulnérables parmi nous à l'abri d'un capitalisme prédateur. Envisagez un monde qui n'impose pas ses normes de moralité; qui ne procrée pas sans tenir compte de ses compétences ou capacité à subvenir aux besoins de leur progéniture; qui s'engage à prévenir l'altération génétique des aliments et l'adultération des cultures par des produits chimiques toxiques; qui éliminera les armes nucléaires, utilisera des fonds publics pour réparer les routes, renforcer les ponts, construire des logements abordables, investir dans des écoles et des hôpitaux et ériger des centres culturels consacrés au savoir, à l'art, au génie. Pensez à une communauté qui honore le prolétariat car c'est par son labeur que nous pouvons jouir du train de vie auquel nous sommes habitués. Imaginez une civilisation qui se garde d'idolâtrer certains personnages dont la seule prétention à la célébrité est leur renom, beaucoup parmi eux des êtres médiocres qui, sans l'acclamation populaire, leur vénusté et leur sex-appeal douteux, vivraient dans l'obscurité au lieu de gagner des salaires obscènes. Concevez enfin un État-nation qui n'a pas d'autres dieux que la connaissance, la vérité, la sagesse et la clémence.

◆

On peut se demander si la détresse des pauvres, les tourments de ceux que l'on prive de leurs droits fondamentaux n'est pas, en grande partie, responsable de la violence à laquelle ils ont parfois recours. La misère, le désespoir et la persécution peuvent conduire des hommes bons et honnêtes à mal se comporter. Une femme qui vole du pain pour nourrir un enfant affamé est-elle une criminelle ? Un homme dont les terres sont réquisitionnées à la pointe d'un fusil, dont les arbres fruitiers sont dénudés, dont les bosquets sont réduits en cendres et dont le domicile est rasé au bulldozer par des intrus hostiles, a-t-il le droit moral de se révolter ? Les personnes soumises à l'humiliation ou qui sont suppliciées sans relâche en raison de leur race, de leur couleur, de leur religion ou de leur statut social n'ont-elles pas l'obligation morale de riposter ?

Jean-Jacques Rousseau avait raison. Malgré les infamies portées contre lui par les monarchistes, l'Église et les conformistes sociaux, il a eu l'inspiration — et la témérité — de rejeter le concept odieux du « péché originel » et de proposer que bien que l'homme soit né libre il est partout enchaîné, qu'il entre dans ce monde le cœur pur et que la société le rend mauvais. (Je rejette son allégation selon laquelle l'homme peut être à la fois libre et gouverné comme une contradiction). Nous ne pouvons être vraiment libres que lorsque nous nous gouvernons nous-mêmes, lorsque nous gérons nos propres rêves sans empiéter sur les rêves des autres.

◆

Selon leurs préférences et leur sens de l'Histoire, tous

les hommes croient qu'ils sont nés trop tôt ou trop tard. Contrairement à nos meilleurs amis — les chiens — qui vivent dans l'actuel et dont le seul but est de nous rendre heureux, nous ne sommes jamais contents de l'ère que nous traversons. Nous voulons toujours changer quelque chose, remettre l'horloge à zéro, la faire tictaquer plus vite, retarder son cours. Nous nous laissons bêtement séduire par un mythe que l'on appelle « le bon vieux temps » et nous misons nos rêves sur un avenir que nous ne pouvons ni prédire ni reporter. Nous ne pouvons faire face au présent, à mesure que nous vieillissons à notre propre rythme, à notre époque. C'est un lancer de dés.

◆

Le temps passe à des vitesses vertigineuses et la Terre tourne, mais ne se retourne jamais pour voir le mal que les hommes lui font ou les grands maux auxquels ils succombent. Je ne peux m'empêcher de « humer » la guerre dans l'air. C'est un vieux relent familier, mi-soufre, mi-sang dont j'ai une expérience précoce. Les médias en parlent en termes vagues et contrefactuels ; ils utilisent le conditionnel, comme si les euphémismes et les qualificatifs suffisaient à prévenir l'inévitable. Dans mon arrière-cour, un grand nombre de personnes, la plupart réagissant aux crises en prêchant la violence, utilisent un langage orwellien et lèchent leurs babines à l'idée « d'exterminer l'ennemi », tandis que vingt millions de leurs concitoyens vivent au niveau ou en dessous du seuil de pauvreté et que tous les soirs cinq cent mille enfants se couchent affamés. Ces statistiques n'apitoient pas certains politiciens qui veulent abolir les filets de sécurité sociale qui permettent des millions de ménages de survivre dans une société qui dorlote les grandes entreprises et chouchoute les milliardaires. La classe moyenne, autrefois le baromètre d'une société saine et progressiste, est en train de s'effriter. Les syndicats, cibles de politiques capitalistes prédatrices qui maintiennent la classe ouvrière dans leur ligne de mire, sont moribonds. La conscience peut être esquivée, voire bafouée, mais elle ne se trahit jamais.

♦

Je fais face à ma réalité et je mets mes rêves à nu dans tout ce que je fais, dis et écris, conscient que la candeur peut être désagréable (bien que je jouisse des soubresauts que mon irrévérence provoque), conscient qu'elle déclenchera des ripostes caustiques et des dénonciations amères. Ma réputation dépend de ce que mes détracteurs disent de moi. Plus ils me bafouent, plus elle est intacte. Je ne les remercierai jamais assez. L'évolution est peut-être le mécanisme par lequel la nature affine nos imperfections congénitales, mais elle traîne les pieds, elle vacille. Parfois, elle semble courir à l'envers, insinuant que le cerveau humain a peut-être atteint son point de saturation, qu'au-delà se cache une folie irréversible. Le statu quo est un cauchemar à mouvement perpétuel duquel nous devons nous réveiller, sinon il éteindra nos rêves. Nous continuons à nous chercher dans le vide infini du cosmos et à ne trouver que des milliards de sépulcres dans lesquels nos fantaisies sont ensevelies. Il n'y a personne au-delà de notre petite bille bleue qui nous a vu naitre. L'humanité est un phénomène biologique unique et irremplaçable dont le destin est de réfléchir à l'énigme de son existence absurde. La mission des hommes sains d'esprit n'est pas de se lancer vers les étoiles, mais de se réformer.

Je ne me fais aucune illusion.

♦

En plein sommeil paradoxal, je me retrouve à bord du train à destination de Miami sur lequel je m'étais embarqué une centaine de rêves plus tôt. Le contrôleur vérifie mon billet et, mine de rien, m'avertit que je dois effectuer un transfert à Tombouctou. Je passe en revue les rebondissements qui ont marqués ma vie :

—Tombouctou ? Pourquoi pas. C'est logique. C'est tout à fait logique, je réponds 'avec le sarcasme et l'impuissance d'un condamné.

Pour autant que je sache, Tombouctou n'a pas de gare et aucun chemin de fer ne la relie au reste de l'Afrique … mais on ne badine pas avec un rêve. A bout de souffle, enveloppé d'un gros nuage de fumée noire, le train grince d'un ton plaintif et s'arrête brusquement. La ville mythique, la Perle du Désert, irréelle même en plein jour, semble flotter devant moi comme un mirage couleur de boue. Au loin, empourpré de rayons aveuglants, un horizon chatoyant se plie et se replie comme la marée sur un rivage doré.

Le préposé d'un hôtel que mon rêve n'aurait su pressentir, m'offre deux chambres dépourvues de fenêtres ou de salle de bain, l'une plus crasseuse que l'autre, les deux nanties d'un matelas fané en mousse gisant au sol et d'un ventilateur bruyant dont l'usage ne réussit qu'à disperser des bouffées d'air chaud et fétide. Le préposé, sans doute un Touareg dont le visage basané est couvert d'un voile (on ne saurait s'en passer sans encourir les maléfices des mauvais esprits) et coiffé d'un turban indigo, me scrute d'un regard narquois.

—Ça ira, je cède en haussant les épaules. Ce n'est que pour une nuit.

Je réinitialise le rêve. Parfumée au jasmin, Aïcha, une odalisque aux yeux de biche, ses cheveux tintés au henné, m'offre un narguilé où grésille un brin de haschisch. Nous grignotons des tranches d'halva aux pistaches, du rahat-loukoum et des dates. Et puis elle m'offre ses lèvres. J'entends au loin les premières notes envoutantes de Shéhérazade, de Rimski-Korsakov.

—Alors, c'est quoi le mal, demande Aïcha.

—Tu plaisantes. Ce n'est pas le moment et puis …

—Si, si, dis-le-moi. J'ai besoin de savoir avant que tu me quittes. Car la nôtre est une liaison sans lendemain. La belle et douce Aïcha est née le cœur pur. Mon rêve l'exige. Je veux la protéger contre la vérité mais le rêve s'y mêle.

— Le « mal universel » est une menterie monothéiste dont le seul but est de rationaliser et de punir, ex post-facto, les faiblesses humaines. Personne ne suggère qu'un requin est « cruel » ou qu'un agneau est « doux », qu'un scorpion est « malveillant » alors qu'un papillon est vertueux. Nous acceptons, sans commentaire, leur tempérament individuel et les rôles que la nature les oblige à jouer. Certes, Homo sapiens est une « création » imparfaite (ou inachevée) capable de toutes sortes d'ignominies. Mais nous devons également nous demander dans quelle mesure l'éducation, la religion, le milieu culturel dans lequel nous vivons et les structures sociopolitiques et économiques érigées sans notre consentement influencent nos pensées, nos actions et nos rêves. Le mal de notre époque, c'est le malaise existentiel, la mélancolie, l'angoisse qui nous traque à chaque tournant. La dissonance est le fléau de l'homme moderne. J'ai toujours su que le mal existe—comment peut-on vivre sans le reconnaître—et j'ai avéré son existence dans mes autres œuvres comme l'une des réalités inéluctables de la condition humaine.

—Tu tournes autour du pot, interrompt Aïcha. Tant de mots. Parle-moi du mal. Donne-moi des précisions.

—Le mal, comme la vérité, a de nombreux visages. Le mal est le passage à tabac que mon père a enduré aux mains de ses ravisseurs de la Gestapo ; j'avais trois ans Je porte encore les cicatrices, impies, encore fraiches, que ce spectacle grava sur mon âme. Le mal, c'est la mort par la famine, l'épuisement et le meurtre des neuf dixièmes de ma famille à Auschwitz, Dachau et Bergen-Belsen. Le mal est le massacre de plus d'un million d'Arméniens moins d'un demi-siècle avant la Shoah. Le mal, c'est le refus de la Turquie d'avouer son crime. Le mal est l'exécution sommaire dans un petit village en France de dix vétérans de la « Grande Guerre » en représailles à l'assassinat d'un officier allemand qui foutait la fille du boulanger ; j'avais six ans quand je fus témoin de cette scène horrible. Je me souviens avoir fixé de mon regard les ruisselets de sang qui jaillissaient de leurs corps sans vie et se répandait sur le trottoir avant de se précipiter en cascade dans le caniveau. J'avais cinq ans. Le mal, c'est le bombardement de saturation par les Alliés de dizaines de villes au cours desquels des milliers d'innocents furent tués. Le mal est la métamorphose — du jour au lendemain — de fascistes avérés en « communistes » farouches lorsque l'Axe tomba et les Russes prirent d'assaut les Balkans. Le mal est la haine qui encouragea nos voisins à Jérusalem de s'en prendre à mes parents pour m'avoir permis de me lier d'amitié avec une Palestinienne. Nous avions tous les deux treize ans. Le mal, c'est le fanatisme religieux et le nationalisme maniaque. Le mal est la dépossession et la déshumanisation stratégiques et systématiques du peuple palestinien par des zélotes Juifs dont la mémoire de l'Histoire s'est commodément estompée. Le mal, c'est le colonialisme, l'esclavage et la ghettoïsation. Le mal est le mensonge qui justifie les guerres illégales, immorales et ingagnables. Le mal, est composé de millionnaires qui influencent tous les aspects de la vie, qui contrôlent l'éducation, manipulent les médias, fixent les prix, réglementent l'agriculture, établissent des stratégies fiscales, dominent les élections et manient la politique étrangère. Le mal c'est le gouvernement qui attribue des valeurs monétaires à la vie humaine. Le mal, c'est le capitalisme, un système social et économique dirigé par une petite clique de stipendiés qui achètent et corrompent les élus, qui escroquent les pauvres et aident les riches à s'enrichir. Et le mal—le mal de la stupidité—ce sont les masses qui, au lieu de se révolter contre leurs tortionnaires, ne disent rien, ne font rien. Le mal (comme « Dieu » ou le « Messie ») n'a pas de « nature ». C'est un concept, pas une entité. Il existe et s'exprime d'une manière qui reflète l'imagination maladive et la cruauté de ceux qui l'infligent. En faire l'autopsie, c'est le trivialiser. Tu comprends ?

Aïcha me regarde, hébétée. Nouveau-née, innocente, novice, pas de ce monde, elle est incapable de concevoir, moins encore de déchiffrer les horreurs que je viens d'énumérer. Elle se blotti contre moi et demande :

—Et la vérité, c'est quoi ?

—Comment peut un mensonge—car tu n'es que poudre aux yeux—se soucier de la vérité alors que je dois tantôt me réveiller ?

—Comment peut un rêveur convaincu en priver l'être illusoire qu'il vient d'enfanter, qu'il abandonnera sans faute et qu'il ne reverra jamais plus ?

—Ce n'est pas moi. Adresse-toi à Morphée. Ce sont ses diableries qui …

—Sois raisonnable. Morphée c'est toi. Tu prétends connaitre la vérité. Alors donne-lui des ailes. Affranchis-la.

—La vérité ? Mais bon sang, laquelle ?

—Choisis celle qui te convient.

—Aucune ne me convient. C'est à ton tour d'en évoquer une — fraiche, inédite, inexplorée, incontestable.

—Tu viens d'en vivre une. Et par surcroit à Tombouctou. Cela ne te suffit pas ?

C'est fou les vérités qu'on peut se permettre de vivre quand on rêve.

HOMMAGES

Je suis tout premièrement redevable à mes parents pour avoir éveillé en moi un amour des livres, de la musique, et de l'art, pour m'avoir immunisé contre la fumisterie et l'hypocrisie de la religion, et pour avoir toléré mes excentricités. À ma mère, une femme cultivée, discrète, et pleine de tendresse, je dois mon goût pour la beauté et la symétrie, ainsi que mon égard envers la nature, surtout les animaux. De mon père, médecin de campagne, homme de souche modeste, affectueux, généreux, et incorruptible qui détestait la gloriole et les minauderies, j'appris que l'amour-propre, un travail bien fait, et le respect pour la vérité accordent bien plus de récompenses que l'argent ou la renommée.

Je salue mes professeurs, ceux que j'ai rendu fiers et ceux, bien plus nombreux, à qui j'ai donné du fil à retordre. Leur savoir et leur patience de saint envers l'élève oisif, volage, et rebelle que j'étais m'ont permis d'ériger poutre par poutre la charpente d'une vie désormais comblée de débuts sans fin.

Je dois aussi noter l'immense influence qu'un grand nombre d'écrivains, poètes, et philosophes auront sur le personnage que je deviendrai ; ils m'ont aidé à changer l'histoire de ma vie. Leur prose, leurs vers, leurs thèses, leurs défis, et leurs aveux résonnent aussi vivement aujourd'hui qu'ils le firent quand je les découvris pour la première fois. La plupart étaient français. Parmi eux fut un penseur à qui on refusa un enterrement chrétien pour avoir écrit des tracts antireligieux; quatre furent emprisonnés, l'un pour avoir dénoncé la bestialité du colonialisme; un autre, fils de prostituée, pour les délits de « *vagabondage, actes obscènes, et autres infractions contre la décence publique* » — crimes qu'une France qui se vautrait sans gêne dans la promiscuité trouvait avilissants; le troisième pour avoir dépassé les limites de la décence dans des œuvres où s'immiscent un érotisme rêche et l'insoumission civile. Le dernier pour avoir défendu le prolétariat et plaidé avec une vaillance exceptionnelle contre les abus du gouvernement, le dévergondage du clergé, et la décadence de l'établissement militaire. Trois étaient russes. L'un d'eux, romancier, essayiste, et journaliste, explorait la psychologie humaine dans le milieu social, politique, et spirituel de son temps. Ses œuvres sont peuplées de névrosés et de lunatiques, le genre qui se font tyran, prophète, martyre. Le second, impitoyable satiriste, confère au surréalisme et au grotesque un caractère insolite de normalité. Le troisième, celui qui m'a le plus frappé, était franc-maçon [comme mon père, et plus tard comme moi], « révolutionnaire professionnel, » et théoricien de l'anarchisme influencé par la pensée Hégélienne.

Mes autres gourous composeront en allemand, anglais, arabe, espagnol, flamand, et sanskrit. Trois étaient originaires d'Irlande. Le premier ne survivra pas le puritanisme sournois de son milieu victorien. Le deuxième est mort fou, comme tous ceux qui s'abritent contre la réalité dans le havre de la démence. Le troisième fut excommunié pour avoir tenté d'arbitrer le conflit entre le dogme religieux et les connaissances profanes, et pour s'être écarté de la pensée aristotélicienne en soulignant la profondeur de l'ignorance des hommes. Tous étaient rêveurs, libres penseurs, frondeurs, défenseurs du libre arbitre, tous décédés depuis longtemps mais dont l'hétérodoxie et les idées réformistes inspirent encore des nouvelles générations de résistants, de héros, et de rêveurs convaincus.

Je n'aurais su mettre cet ouvrage à point (il fut conçu en américain et laborieusement traduit en français) sans l'inestimable concours de Marielle Fourcade, journaliste et relectrice scrupuleuse.

En dernier, je salue les lecteurs, surtout ceux qui m'agressent tout en se dissimulant dans l'anonymat de leurs réseaux sociaux et dont le mépris, parfois même la haine que mes rêves réveillent en eux, renforcent ma conviction que les opinions n'ont en elles-mêmes aucune valeur, que toute conviction fondée sur une croyance aveugle est un canular, et que seule la *vérité*, incontestable, pénible, désagréable, et souvent blessante, doit prévaloir.

Garder le silence, ignorer les mensonges enhardissent les menteurs. Quand on méprise la vérité, on encourage l'Histoire à se moquer d'elle-même.

◆
◆ ◆